[日]斋藤孝 [日]安住绅一郎 著
唐潮 译

话语的力量

海豚出版社
DOLPHIN BOOKS
中国国际传播集团

写在前面

安住绅一郎

TBS 电视台播音员

我在明治大学上斋藤孝老师的课的时候，老师既不是文学系的副教授也不是教授，仅仅是名负责教职课程的专职老师——坦白点说，看起来像是研究生在做兼职一样。

当时的明治大学开设了第二学部（夜间学部），第六节课以后是已经步入社会有自己工作的夜校学生们的学习时间。每天一到傍晚，就有大批西服革履的男性，乌泱泱地集中到校舍。不仅是职场男性，在这群夜校的学生中还混杂了一些在新宿做陪酒工作的女性。

当时有一项比较特殊的措施：第一学部的学生也可以参与第二学部开设的师范专业的课程。所以我虽然是第一学部的学生，却混在以教师作为职业目标的第二学部的社会人士中听课。斋藤老师便是其中一位负责这些课程的老师。

第八节课结束的时间，没记错的话是晚上 9 点 50 分吧。说到这里感觉我的思绪又飘回了那个时候，眼前浮现出当时在御茶之水①的高楼大厦中上课到深夜的明治大学学生们。

我有一个比我大两岁的姐姐，在我们的家乡北海道做高中老师。因此学校老师是我比较熟悉的职业，当时我以为自己也会成为初中或高中的语文老师。虽然最后在机缘巧合之下做了播音员，而并没有成为一名教师，但我在人前表达的热情和对语言的探求之心，与从前因为想成为老师而去听斋藤老师的课相比，别无二致。

这次，从斋藤老师那里听说他要以"话语的力量"为主题出版书籍的时候，我觉得无法绕过和老师相识的明治大学。因此根据我的提议，我们在明治大学（以下略称为"明大"）师范专业的学生面前做了书中这份演说。在在学的明大学生前讲话，对于我自己来说也是一次重燃内心激情的机会。

不管是演说者还是听众，只要认真地互相面对了，就能够传递内心的热情。

首先要点燃自己的激情，尽可能把自己的这份热情传递给对方。如此一来，说话时便也可以感受到听众反馈给自己的热情。我认为这不仅仅是与人交流的根本，更是改善生活的秘诀。

能够在明大学生们面前进行演说，并且能够交换彼此心中昂扬的热情，我深感荣幸。

---

① 御茶之水：日本东京都内地名。——译者注（以下如无特别说明，均为译者注）

本书记录的是和斋藤老师的对谈内容，以及向明大的后辈们演说的内容。因为是在后辈们面前说的话，所以可能多少有一些倚老卖老的味道在里面，如果您能不在意这部分内容读下去就太好了。另外，请您在阅读时把自己代入听斋藤老师课程的学生身上。

演艺界有句话叫"看客使演者成长"。也就是说，实际当众进行演说，可以培养自己话语的力量。

如果本书的内容能够打动读者的心就太好了。

希望大家都可以度过美好的人生。

目录

第一章 | 简单易懂地说话

将话语压缩在 15 秒内 … 2
容易传达的说话方式是注意声音的质量 … 9
时刻牢记不要说多余的话 … 17
打比方时尽量使用具体的例子 … 24
不要使用让语义变得含混不清的语句 … 30
在短时间内灵活地改变想传达的内容 … 39

问：什么样的说话方式才吸引人？ … 46
答：区别"抽象"和"具体"、"广泛"和"特指"。

问：在很多的人面前怎样讲话？ … 48
答：注意夸大自己说的东西。

问：说话时很难得出结论怎么办？ … 50
答：用情报使话题结束。

第二章｜让人际关系变得更好的说话方式

让谈话对象舒心	54
"鹦鹉学舌"可以让对方一直讲话	61
通过调整话题的发展脉络提起对方的兴趣	68
鼓起勇气获得对方的笑声	75

问：和初次见面的人说话时的要领是什么？　　84
答：声明自己对对方很在意。

问：向谈话对象提问时的要领是什么？　　87
答：一点点迫近问题的核心。

问：好的夸奖方法是什么？　　89
答：谈及自己确实注意到的地方。

第三章｜为了交流的知识储备

尝试接受三倍于他人的信息	92
挑战和平时不一样的事情	100
尝试接触流行的事物和小众的爱好	107
搭建属于自己的情报网	115
储备用得上的"金句"	123
广播又重新成为新兴的媒体	129

问：想不起来专有名词时如何应对？　　　137
答：把重要的词语记在纸上。

问：怎样说话才能显得自己很聪明？　　　140
答：为谈话做准备时做到准备过头的程度。

第四章 ｜ 沉迷于语言的乐趣

我为被称为"国语学科狂人"而骄傲的理由　　　144
平衡传统语言、现代语言和外语的使用　　　152
注意语言上的细微差别　　　161

问：当对方不注意听自己讲话时怎么做？　　　168
答：用动作或声音控制局面。

问：如何圆滑地拒绝别人的提议？　　　170
答：提出替代的方案。

问：想要控制场面氛围时怎么做？　　　173
答：照顾一下不怎么发言的人。

第五章｜为了愉快说话的心态管理

跨越曾经的失败   **176**
受到不合理批评时的精神护理   **184**
思考在被给予的岗位上可以做到的事情   **193**

问：怎么才能避免被生活中的"阴晴圆缺"影响？   **199**
答：尽量不让日常生活中发生无法预测的情况。

问：感到精神虚弱时该如何应对？   **202**
答：把写着标语的纸贴在屋里。

问：容易疲倦时该如何应对？   **204**
答：从精力充沛的人那里充电。

第一章

简单易懂地说话

安住绅一郎 ——— **将话语压缩在 15 秒内** ——— 斋藤孝

第一章｜简单易懂地说话

安住绅一郎 ▼

人的专注力大概能持续多久呢？实际上，人的专注力能持续的时间非常短，仅有 15 秒左右。

有一群人正是以这一前提进行工作的，他们就是"电视广告设计师"。

大部分电视广告的时长都被设计在 15 秒左右，说起来可能感觉很短，但对照人的生物机体感官来说已经足够长了。对于一个已经无法专注的人，无论如何向他强调"这件商品很好"，都不会有效果。所以要在观众还可以专注的时间内简洁地传达"很好"这一主旨，这就需要下很多功夫了。

与之同理，遵从这一原则，谈论同一件事情的时间也不能超过 15 秒。

从我个人而言，当给我 30 秒的放送时长时，我会考虑把 30 秒拆分成两个 15 秒，通过两个 15 秒去分别展开话题。

打个比方，为 TBS 电视网络① 每年夏天的直播节目《音乐之日》进行宣传的时候，如果慢吞吞地说"××日星期六，

---

① TBS 电视网络：以 TBS 电视台和 TBS 广播台为主要电台的电视台网络，包含大量地方台。

TBS 电视台将进行 7 小时左右的直播节目《音乐之日》的放送,敬请收看……"这样的宣传词,并且长达 30 秒,无疑会显得很沉闷。

在这种情况下,我会选择用第一个 15 秒去传达"这段时间,虽然关东地区的降雨连绵不断"这样关于天气的信息,第二个 15 秒再去进行《音乐之日》节目的宣传,来构成整体的放送。

如果有 45 秒的话,将其分为"序、破、急"① 三部分;有 60 秒的话,将其分为"起、承、转、合"四部分——不管哪一部分,都以 15 秒为一个单元构成是最为理想的。

当然,还有一些情况下不管如何让话语抑扬顿挫,都还有时间富裕。这样的情况下,在话语的前后加入"没有意义的留白"也是一种技巧。比如说,用 3 秒慢慢地把商品展示出来,再用剩余的秒数对商品进行说明。

"不要过度依赖语言"也是很重要的一点。

从我的观点看来,大家都过于依赖语言了。但是从人类的历史角度考虑的话,我们获得语言也不过是最近的事罢了。人类不使用语言的时间远远比使用语言的时间要长。就算不开口说话,人在 3 秒内也能接受被传达的信息。

---

① 序、破、急:从日本舞乐发展出的三段构成法,分别代表了开始、展开和结束。

比如说，把泡澡的感想写成评语的话，用语言表现就是"真是温度合适的泡澡水啊！真是舒服的泡澡水啊！真的是能消除一天的疲劳啊！"但我们还有一个方法，不需要语言，只用一秒就可以传达同样的韵味——没错，就是泡进水中时不由自主低吟的"啊——"。没有什么含义的一个字，却能很好地传达出感情。不过度依赖语言，而去使用这样基本没有意义的声音或者表情，也是传达事物韵味的一种方法。

斋藤孝 ▼

我在大学的授课中，经常给学生一人15秒发表评论的机会。四人一组的小组每个人给15秒发言的话，一组完成发言只需要短短1分钟时间。

从我的观点看来，播音员或演员在最后3秒的总结总是做得更好的。就仿佛漂亮着地的体操运动员一样，用一个完美的姿势轻快地结束一场表演。

过去我和安住同台播出的综合类新闻节目《新·情报7日新闻播报员》（以下略为《新闻播报员》）的直播中，最后的3秒，我以"尸体姿势"来做了结尾。我有很长时间的瑜伽经验，瑜伽中把全身都卸力的姿势叫作"尸体姿势"。仰面朝天以"大"字形躺着，仿佛尸体一样放松，有从各种压力中释放的精神作用。

说了这样的经验之后，在节目的结尾，安住突然提议："那么大家一起用尸体姿势来结束节目吧。"当时节目还有几秒就要结束了，以北野武[①]先生为首的演出者们一起"啊"地摆出了尸体的姿势。

---

① 北野武：日本著名喜剧艺人、演员，以黑道电影闻名。

该说不愧是北野武先生吗？摆出了登峰造极的"死相"，节目的结尾也成了新颖的形式。

安住就是这样，具有在节目的最后 5 秒想出一种有趣的事情来让节目结尾的卓越能力。在现场看的话真的是会入迷的，拥有这么强的能力的人真的很少。

如果能像他一样自由管理时间的分配，真的很有意思。

总　结

① 话题以 15 秒为单位进行组成是基本

② 如果有 30 秒的话就做成 15 秒 ×2 的两段式分割

③ 如果有 45 秒的话就做成"序、破、急"形式的三段式分割

④ 如果有 60 秒的话就做成"起、承、转、合"的四段式分割

安住绅一郎　**容易传达的说话方式是
　　　　　　注意声音的质量**　　斋藤孝

安住绅一郎 ▼

在发出声音的时候，有意识地控制一下声音的高低吧。基本来说，谁都能够发出高低不同的声音。

我在录制时或者在别人面前说话时，会尽可能使用高一点的声线，因为高一点的声音会让听者更容易听见。实际上，我本身的嗓音是要低沉一些的。

电视业界有句名言：日本不存在声线低的主持人。确实，在电视节目中表现较为活跃的主持人都是拥有较高嗓音的人，比如明石家秋刀鱼先生、中居正广先生等。

日本购物网高田[①]的前社长高田明，就是因为在电视购物节目中的尖锐嗓音而被人们熟知的——正是那个独特的高音吸引了大家的目光。

斋藤老师也是从以前就有嗓音高的特点。老师讲的话能够吸引这么多的人，也得益于那个嗓音。

当然，也有部分电视台的职业需要嗓音低沉的人，比如演员、配音演员和解说员等，不过也仅限于很少一部分人。

---

① 日本购物网高田：日本有名的电视购物公司，由高田明于1986年创办。

第一章 | 简单易懂地说话

然而，新人男性播音员中也有对自己的低沉嗓音抱有自信的人。有时，周围的人会夸赞他们低音好听，然后他们就会在工作中也使用这种低沉的声线，从而产生了糟糕的后果。在老播音员斥责了他们"你是人气演员吗？在电视上能够使用低音说话的只有小栗旬这种程度的人啊"以后，他们才会在节目里有意识地提高自己的声音。

低沉的嗓音在什么情况下能够使用呢？当大家已经把注意力投向你并且准备好侧耳倾听的前提下，可以使用低沉的声音。明确认识到自己使用什么样的声线能够让别人接受你说的话是非常重要的。

但是，并不是说要让你自己本来的声音变高，如果破坏了自己本身的特点的话就得不偿失了。

要意识到私人谈话和公开演讲之间说话方式的区别。

对于男性来说，使用较为女性化的说话方式来进行沟通会更为简单，也会使听者更容易接受。

比方说，男大姐[①]系的艺人都很健谈。在理解了这个倾向的基础之上，也有人大胆地把自己的说话方式向女性靠拢。

作为教育评论家的尾木直树老师很有名。他曾经是以严厉的论调而闻名的正统派老师，现在却定型成了说着柔软话语的

---

① 男大姐：在日本指生理性别为男，但说话时有明显女性特征的人。

"尾木妈妈"这一人设。恐怕教育方面的问题再严重,用"妈妈的口吻"也会比较容易表达,听的人也更容易接纳吸收。男幼儿园老师、推销员、便利店店员等重视接人待物方法的工种,更应该转向自然而偏女性口吻的说话方式,因为这样的说话方式显得更加柔和,会让人觉得更容易交谈。勇于尝试偏向女性的说话方式,也是一种很好的方法。

斋藤孝 ▼

大家有没有过这样的情况：在 KTV 唱某首歌的时候感觉到自己的声音前所未有地响亮？和唱歌的时候一样，当我们习惯了说话以后，也会找到对自己来说"适合说话"的声音。

适合说话的声音和简单的大声说话有所不同。

要点是令自己的头盖骨震动，让全身的骨头产生共振。

我曾经从声乐老师那里学到过哼唱的技法。那个老师就算用 pp[①] 的响度进行哼唱，也可以让他的声音响彻一间大礼堂的每个角落。请试着低声发出"嗯——"的声音，感受自己头盖骨的震动。在泡澡的时候这么做效果应该会更加明显。

这么做的时候，放松身心很重要。

我和歌舞伎演员坂东玉三郎先生对谈时，玉三郎先生曾说过"打开胸腔很重要"。放松着打开胸腔再说话，声音自然而然地就会变得容易传达。

除此之外，还有一种方法可以让声音抑扬顿挫、张弛有度。说到"让声音抑扬顿挫"，大多数的人会有一种刻意放开嗓子说话或者刻意压抑声音说话的印象，但其实对于说话的语速进

---

① pp：音乐用语，极弱。

行快慢的控制也是有效的。

读英语的时候，如果被要求"读出英语里的强弱差别"，就会读得很费力。大部分人要读出"强"的感觉，会不管三七二十一先提高音量。

我有一天发现，缓慢地朗读英语单词会产生对这个单词强调的效果。在各种语言里，这么做其实都是有效的。

在东京申请举办奥运会和残奥会的介绍会上，泷川克里斯汀[①]女士就把"盛、情、款、待"这个词拆成一个一个音节慢慢地说了出来。这就是通过缓慢说话来强调某个词语的一个典型例子。

慢慢地一个字一个字朗读的话可以有效地传递"我要强调这个词语"的意图。

我在演讲等场合介绍《论语》中的句子的时候，也会试着把诸如"智、仁、勇"这样的词汇慢慢地说出来。缓慢地去强调想说的东西，再要求听者重复一遍你说的话，就能让对方完全记住它。

嗓音如果随着听众人数的增多而提高，也会使讲的东西更加容易传达。

日本购物网高田的高田明前社长就是这样，使用明显比真

---

① 泷川克里斯汀：本名为泷川雅美，日本前播音员。

实嗓音高昂的声线来介绍电视购物节目里的商品,从而使那个声音深深烙在了听众们的耳膜上。

总　结

▽▽
▽

① 令头盖骨震动，让全身的骨头产生共振

② 使用稍微高一点的声线会使听众更容易听到

③ 不去改变自己本身的嗓音，只是在公开场合发言时改变自己的说话习惯

④ 尝试使用偏中性的说话方式也有奇效

安住绅一郎　**时刻牢记不要说多余的话**　斋藤孝

安住绅一郎 ▼

当人在发言中途词穷的时候,经常会在发言中加入"嗯——""那个——"之类的语气词。横田惠[①]女士被朝鲜绑架而杳无音讯之际,其父横田滋先生在见面会上接受记者提问时,基本只能做出"嗯——"的回复。虽然横田滋先生基本没说一句有具体意思的话语,却能让当时的所有记者都心领神会。

因为他们理解了嘴里除了"嗯——"之外什么都说不出来的痛彻心扉。

像这样可以很好地传达自己心情的语气词也是存在的,只不过,这也只是极个别的例子而已。

一般来说,当人们听一个人只是连续说着"嗯——""那个——""啊——"之类的话的时候,他们会觉得发言者没有得出确切的结论,没有整理好思路。

简而言之,会被对方轻视。

为了改正这种习惯,除了时刻注意从自己的发言里把它们剔除掉之外,没有更好的办法了。如果有人能及时指出你在自

---

① 横田惠:20世纪70年代被朝鲜绑架的日本人之一。

己没有意识到的情况下说出了这些词，可能是最有效的，但这么做并不现实。自己时时刻刻注意"口头禅矫正"是唯一的途径。就连电视台的播音员想要改掉自己爱说这些词的习惯，也要花上三年的时间。

在注意发言时不说"嗯——""那个——"这种语气词的同时，培养准确描述谈论内容的习惯也很重要。

关于这一点，我在直播中采访前乒乓球选手平野早矢香时深有感触。平野小姐应该是没有受过特别的播音训练的，但她在接受采访时一个语气助词都没有说。我问了平野小姐"乒乓球的魅力是什么"，她流利地回答我："乒乓球的魅力在于从对手拍子角度与回球速度的不同中判断自己应该做什么，在短时间内迅速做出抉择是最有意思的。"这次采访期间她震惊了我，所以连着说"那个——"的人反而是我。

平野小姐这样的顶级运动员都是有着明确目标的，在规划好的时间内管理着固定的训练项目，过着坚忍的生活。

在被提问的同时，要回答的内容就已经了然于胸了，这样一来，回答时也就不必夹带没用的词汇了。

能养成习惯去准确描述自己想说的内容，就可以精炼自己的话语。

就算是我，在说话时也不可能完全不带语气助词。不过在理想情况下，我们可以控制它的数量。

不过另一方面，如果说话的时候像"嗯——""啊——"这样的语气词一点都没有了的话，会显得人像 AI（人工智能）一样。所以如果想在发言中显得更有"人味儿"，适当地加入一些口头禅和语气助词也是有效的。

斋藤孝 ▼

当我们看电视上的体育比赛转播时，有一些解说员面对实况直播的提问时会以"但是"开头。虽然是以"但是"作为一段话的开始，接下来的内容却并非转折的内容。这时他们说的"但是"仅仅是口头禅而已。我们并不能说所有的口头禅都是不好的，但是如果在说话的时候能把冗余的、乱七八糟的都去除掉，谈吐就会给人一种麻利的感觉。

有许多人的口头禅是"啊——"或者"那个"。以"啊——"开始说话，会给人以"说话前清嗓子"和"吸引听众注意力"的积极信号，但如果是以"那个"做开场的话，则会给人以没有整理好思绪的感觉，还会给人一种稚嫩的印象。如果连续说了很多次"那个"，更是会让人反感。

我曾让学生做过"用15秒介绍某样东西"的训练，明明只有很短的时间，必须好好组织语言，却还是有学生连着说了好几次"那个"，占用了他不少的时间。

注意自己说话时的口头禅是非常重要的。

如果试着控制自己在短时间内做到清楚地进行表达，就可以看出自己说话时加入了多少多余的词语。

可能的话，把自己说的话录在录音机或手机上后，自己对其进行检查。即使如此，想要矫正自己说话的习惯仍然是一件难事。首先，要意识到自己说话的过程中出现了"那个""嗯——"之类的词。其次，持续做 15 秒、30 秒的发言练习，确保自己的发言中没有这样的冗余词语，渐渐地在长时间发言中也把这类词语精简。

要明白自己最想传递的信息，并从优先级最高的信息开始进行发言。

有时发言会被打断，为了把这种困扰降低到最小程度，要先传递最重要的情报，同时减少多余的词语。

至今为止，我指导了几千名大学生了，不管是谁做这种发言练习，做到第五次时都会有质的提升。

总 结

①
要注意自己发言里"嗯——""那个""啊——"之类的杂音

②
为了消除杂音,培养明确描述要谈论的内容的习惯很重要

③
从注意自己说话时的口头禅开始改正

④
能够很好传达自己心情的语气词也是存在的

安住绅一郎　**打比方时尽量使用具体的例子**

斋藤孝

安住绅一郎 ▼

讲话的时候，打比方是非常重要的。打比方会让对方更加容易理解你的话。

打比方的时候，要尽可能使用具体的例子。

比起"仿佛喝啤酒时的爽快感"这种说法，"仿佛喝SuperDry[①]时的那种感觉"更加能够让人产生明确的想象。

在视觉层面上打比方也是一种方法。

比起"房间里有很多书"，"书的数量多得像电视购物节目卖的电子词典的容量一样[②]"这样的比方更容易让听众进行想象。

当只能想到比较老旧的例子时，不如反过来琢磨一下不容易想象的例子。

我曾经在介绍一款高档的泡芙时，形容它是"和从东京到

---

① SuperDry：全称"朝日SuperDry"，朝日啤酒株式会社生产的一款啤酒，在日本销量极高。
② 书的数量多得像电视购物节目卖的电子词典的容量一样：日本的电视购物节目在宣传电子词典时经常以其包含的工具书数量之多作为卖点。

习志野市①的车费一样贵的泡芙",把例子说得稍微晦涩难懂了一点,试图以此来吸引人,当时真的是尽全力了。

如果想让人更好地进行想象,也可以尽全力去模仿你举的例子。

曾经我在出外景时偶然看到了一顶帽子,总觉得和体育裁判戴的帽子非常相似,于是我为了形容它就一直模仿赛艇的裁判。其实这时的模仿,像与不像都是次要的了。不如说,如果学得太像了可能会适得其反。

更重要的是,是否能果断地去进行模仿。如果踌躇于是否要进行模仿,气氛就会变得尴尬了。

比如说形容别人"好像电车的乘务员一样",说完以后要立刻模仿乘务员的口气说"下一站是四谷站,即将到达四谷站"。这种挑战精神才是最重要的。

如果找到了能模仿的人或者情景的话,就在背地里偷偷练习吧。这种小小的练习有时会连接到巨大的成功。

---

① 习志野市:千叶县西北部的城市,距离东京路程30公里左右。

第一章 | 简单易懂地说话

斋藤孝 ▼

具体的例子在听人说话的时候也很重要。

当对方说的话有些抽象时，不如试着以打比方的形式回应，比如"比方说是这样吗""是和××一样吗"。如果例子不对，对方就会订正："比起你这种说法，不如说是这样……"如果例子对了，就会给对方一种好印象——你理解了他说的话。

这时不管打的比方是正确的还是错误的，都可以让对方感到你聆听的态度是积极的。

在举例时面对各种各样的选择，要想找出最适合的选项，就要拼命地挖掘自己的脑海，从自己记忆的池塘中用鱼钩钓起某条特定的鱼。

只有像安住这种水平的人，才能够在录制电视节目时即时地像条件反射一样举出绝妙的具体事例。这对于普通人而言是非常难的事情。

因此，不如从平时就开始训练自己去举具体的例子。

有时我会让学生们做组内的比赛，内容就是看谁能举出更多具体的事例。

比如说以"绝望"为主题，让他们一个人接着一个人举出自己绝望的经历，如此重复很多轮，每个人能举的例子也会逐渐用尽，而小组比赛真正决出胜负也正是从此刻开始的。

在例子逐渐用尽的情况下绞尽脑汁，总是能产生一些新的想法。如果长时间以这种形式给大脑加压，就会想出绝妙的例子。

同时，也应该像安住之前说的那样，在视觉层面上做打比方的训练。不管看到了什么，都试着从自己的脑海里去寻找和它看起来相似的影像，并脱口而出。平常去反复做这样的事情，久而久之就能举出绝妙的例子了。

还有，平时就把自己经历的小事件都记在纸上也是一种有效的手段。

艺人们在上电视谈话节目前，通常会以问卷形式上交他们打算在节目中说的小事件的内容。在这里上交的内容是否有趣，直接决定了艺人在正式节目录制里的"戏份"。所以每个人每天都在拼命地积攒小段子。

小事件的储备，对于社会人士和学生在面试等场合下的自我宣传也很有用。

总 结

▽▽▽

① 打具体的比方会更有效果

② 比起"啤酒"不如试着举"SuperDry"这样更加具体的例子

③ 像是"×站到×站的交通费"这样可以让听众稍微思考的例子也是一种选择

④ 试着不假思索地在举例时加入模仿来获得笑声

⑤ 平时就训练自己举出具体的例子

安住绅一郎　不要使用让语义变得含混不清的语句　斋藤孝

安住绅一郎 ▼

说话时遣词的不同，整句话给人的印象也会大不相同。

比如说，"真是××，对不对"这样的句子，在结尾说一个"对不对"，就会让交流变得更加简单。特别是在想要征得对方认同的时候，无论怎样也应该在句尾加上这样的词。而这么做的结果，就是"对不对"的使用会成为习惯，进而被大量使用在话语中。

确实，"对不对"是非常方便的句尾词，它会让人觉得你的话语听起来温柔而亲切。

但是，如果说话的过程中用了太多这类的词，反而会给人有些强迫对方接受的感觉。

所以，如果意识到自己使用了太多"对不对"的话，不如有意识地去减少它的使用。

我自己这样的情况，也有在录节目的时候说了太多次的"对不对"。于是在第二天，我在我的台本最上面写了"禁止使用'对不对'！"来提醒自己。

类似"我想"这种会让话语的意思变得不客观的说法也要加以注意。

记者有时会这么说："御茶之水开了新的猪肉饭店铺，我想现在来为大家做一下关于它的报道。"乍看之下似乎是没有问题的说法，但仔细琢磨这句话，实际上说得非常拐弯抹角。

这个"我想"，只不过是记者自己的感受而已。听到这句话的人就会觉得，"你的想法怎么样都好啦，快一点报道啊"。

在这种情况下，就应该果断地省去让语句变得含混的词汇。比起上述的说法，不如换一些比较清爽的口吻，比如："我要对一家新的猪肉饭餐厅进行报道""新的店铺开张了，一起去看看吧"。

"我想"或许是更加顺口的说法，如果像后者那样说话，尽管可能不太符合大多数人的语言表达习惯，却能更好地传递想法。所以请偶尔尝试着这么去进行交流。

这里再举另一个例子。

要从东京都港区的泉岳寺站到神奈川县横须贺市的浦贺站，可以乘坐京浜急行电铁公司（以下略称为"京急"）的"京急本线"。

具有高辨识度的红色列车被称为"红色子弹"，在东京都圈内是一条高人气铁道路线。

京急公司是在以自己独特的处世哲学为基准来开展事业的。比如说，京急电车的列车长在电车停靠站台，车门打开，乘客们上车后，会放送这样一条广播：

第一章｜简单易懂地说话

"我要关门了。"

一般而言，其他的铁路公司的列车长在关门的时候放送的广播内容是"门要关了"。这样的内容，传递给人们的信息是"因为门要关了，所以请大家注意不要被门夹到"。与此相对的，京急线路的广播内容是"要关门了"。

这句"我要关门了"里包含了这样一种强烈的意思："因为关门产生后果的责任在我，所以大家请小心。"

其效果就是，有可能在乘客间产生一种"因为会对列车长造成困扰，所以不要赶着上车了"的共识。

如果让话语的语义变得含混不清，那就会让责任的所在也暧昧不明。

因为害怕断言会产生不好的后果，自己需要承担责任，所以去兜着圈子说话，可能也是当今时代的一个特点。

服务业等行业中经常能听到"这些加起来总共要收您2000日元"这样的话，如果是在礼仪书籍中，这种话可能会作为反面教材出现。"2000日元"是没问题的，"要收您"就是画蛇添足。但是因为直接向顾客说具体的金额会显得很不礼貌，有索要的感觉，服务人员就会婉转一些，加上一句"要收您"。对于这种情景下遣词造句的模糊不清也是褒贬不一的。

如果这种时候改说"我将有幸从您那里收到2000日元"，就会让拐弯抹角的程度更上一层楼。"这次这部新的电影有幸得以公开，有幸成为这部电影的主角的，是有幸成为电影演员的我。在这里有幸向大家打一声招呼。那么我有幸先行一步，大家再见。"

像这样"有幸"的狂轰乱炸也是最近的趋势之一。想必这样的人，潜意识里是被"不想引起风波""不想太受人瞩目"的思想支配了吧。

但是，不要过多地使用"有幸"之类的自谦词。就算真的用了的话，使用一次或两次也就够了。

在很多人面前说话的时候，如果只是尽可能表现出了自己"谦逊"的一面，你的发言就会"有幸显得非常沉闷"了。

斋藤孝 ▼

使用模棱两可的词语让语句整体变得语义模糊,本身也是一种话术。

比如说,日本人泡茶时会说"杯子里倒茶了"。茶自己是不会自己随便进到杯子里的,但如果说的是"我泡茶了",多少会传达出一种"我为你泡茶了"的信息,会有一些卖人情的意味在里面。

总而言之,"杯子里倒茶了""洗澡水烧开了"这样省略了主语的句子,照顾到了其他人的情绪。

同样,关西人在说话时,有在句尾加上"虽然咱不懂"的文化。

"咱不懂"能够缓和比较凝重的气氛,可以减少自己给人的自以为是的感觉。

说话毫无暧昧,并非在任何时候都是最好的选择。

让讲话内容变得模糊有几个不同的程度,正确选择不同的程度也是一种技巧。

打个比方,如果说"明大学生体力无人能比",不光有语病,根据时间和场合的不同可能还会受到曲解。

但是，如果说"也有人说，明大的学生体力无人能比"的话，就没有问题了。在语句中加上"别人说""也有人说"这样的词，传递给别人的信息就会完全不一样。

在这两者中，后者只是多了一个"也"字，就让自身的含混程度更高了，想要让讲话内容变得模糊时，是十分有效的手段。

或者，在断言了一件事之后，加上"众说纷纭""仅仅是个人感想"之类的话也是很有效的。

最重要的是，要意识到要把自己说的话模糊到什么程度。

如果自己能够判断是要模糊到80%的准确度还是60%的准确度，就可以随机应变了。

只不过，暧昧的言辞使用过度的话，就会给人一种头脑不清楚的印象。特别是"好像"这一类词，使用的时候会给人一种自己并不确信的印象。

在平时说话的时候，尽量注意一下使自己说话的内容变得模糊的词语。

使用"好像"这类词的人非常多，最好对它们加以重视，多思考一下明确的说法。

除此之外，对于在说话时经常重复相同结尾的人，比如"……我是这么认为的……我是这么认为的"，要考虑如何让自己说话有不同的结尾,以此避免重复。

读夏目漱石、川端康成、太宰治等文豪的小说后会发现,他们在写人物对话时使用了各种不同的句尾,所以这些小说也非常有参考价值。

总　结

①
注意少用"对不对""我想""有幸"这样的词

②
说话含义模糊会给人意志薄弱不可靠的印象

③
有意识地区分暧昧的说法和明确的说法

④
习惯重复暧昧不明句尾的人要思考如何对句尾做出变化

安住绅一郎 在短时间内灵活地改变想传达的内容 斋藤孝

安住绅一郎 ▼

做直播工作的人应该都会感同身受——观众兴趣转移的速度实在是太快了。明明到刚才还是讨论热烈的话题，过了不到3分钟就没人在意了——这在直播中是常有的事。

像我所主持的《新闻播报员》这样的综合类直播节目，直接播放准备好的录像的话，经常会完全不合观众的兴趣。

注意到这种情况，就要鼓起勇气舍弃所有现成的素材，完全改变节目的走向。直播节目就是这样一系列决断和失败的连环。

在橄榄球中有"audible"（临近比赛开始时变更战术的意思）这样的术语。我在节目中做的事情，就和这个"audible"很相似。

有趣的是，节目工作人员内部也经常会产生不同意见。我经常边和节目组"打架"边录制节目。

我有正确的时候，当然也有搞错了的时候。搞错时就会被工作人员在背地里吐槽。

我在节目的进行过程中，会想象各种不同的观众的反应，有时脑海中也会浮现出一些比较极端的情况，比如"刚刚说关

第一章 | 简单易懂地说话

东的事情说太多了，不知道有多少九州的观众会看烦了关掉电视"。有这样感觉的时候，我会向工作人员提出请求："麻烦以九州的天气为主进行节目的收尾，请准备九州地区的气象图。"

像这样做，就会让观众感到自己被特别对待了，以此吸纳更多的固定观众。而且电视节目的固定观众是不会流失的，就好像居酒屋的常客一样。

不过，录像也是节目工作人员在节目开始前需要去大费精力准备的。工作人员肯定希望自己准备的东西能被观众看到，所以如果录像在直播中突然被换掉，他们也会有消极情绪。被唐突地要求谈九州的天气，他们肯定是无法立刻接受的。

我当然会和工作人员发生冲突，而且这种冲突是无法避免的。我称这种情况为"讨同事欢心还是讨观众欢心的猜想"，是很深奥的主题呢。

网球运动员大坂直美在澳大利亚网球公开赛第一次夺冠时的电视直播中，我让斋藤老师在节目里也做出了发球的动作。

这也是对节目的安排进行了变更。这么做的结果是，比起大坂直美小姐的比赛，斋藤老师的发球反而获得了更高的收视率。

节目组每次直播都是顶着压力的，但是察觉出氛围的变化，并根据这份变化随机应变，也是做直播节目的真谛。

在直播中,一瞬间的判断是凌驾于考虑了一周的节目计划之上的。这就是直播节目里实时传递信息的乐趣所在。

　　有人指出,最近电视节目的展开越来越套路化,所以偶尔在节目里跳出观众的预期也是很有必要的。非要举个例子来说,就好像休息日不固定的餐厅一样,会让食客产生不确定性,从而提高对餐厅的期待:"哦!今天开门了啊!好幸运!""啊——好不容易来了今天却休息啊……"

　　就像这样,给人以喜忧不同的心情变换,也会让顾客觉得"这家店不能小看"。在说话中这也是一种技巧。

斋藤孝 ▼

　　安住在直播节目中，会持续对节目工作人员发出细致的指示，其中也包括一些临场变化。比如"这个栏目的这个部分太短了，最好把它做长""现在的录像过一会儿再放一次"。这种临场应对非常有创造性。

　　在直播中，偶尔也会突发一些无法预料的情况，比如计划中的录像无法放映、突然发生了什么导致计划中的时间表变得混乱等。从我的角度看来，安住其实是对这些突发情况乐在其中的。

　　无法按照既定的时间表进行节目放送，反而会让节目更有生活气息，妙趣横生。安住之所以拥有如此高的人气，就是因为他的热情可以传递给任何一个人吧。

　　我打出网球发球的那一天，也被安住感染，内心欢腾雀跃。他事先叫我带着网球服，我想既然都带了网球服，就连着球拍也一起拿着吧，于是到了以后，安住就向我提议："请您一定要打一球给观众看看"。

　　如果是当时同样在场、作为原职业运动员的评论员杉山爱小姐来打一球的话，我还能理解，为什么让平时只是坐在大学办公室的我在全国性的直播节目里打球呢？我到现在都没有完全弄明白。

　　但是,安住和我说,"现在不管是喜欢网球的人还是没兴趣的人,只要看了直播,感受到了网球场热烈的气氛,都一定会想挥拍的"。听了他的话,我就觉得多少能够接受了。

总 结

①
要想象传达对象的反应

②
随机应变，有更改既定内容的勇气

③
一瞬间的判断凌驾于一切之上

④
通过给人以喜忧不同的心理变化抓住人心

问：什么样的说话方式才吸引人？

答：区别"抽象"和"具体"、"广泛"和"特指"。

安住主播

在交流时，如果有意识地去切换观点，就能说出引起别人共鸣的话。

比如说，比起"坐飞机从羽田机场飞到鹿儿岛"，"从羽田机场的13号登机口上飞机飞往鹿儿岛"的说法更容易让人产生具体的想象。

比起"每天在公司上班"，"今天也在桌前使用Windows系统来工作"的说法，更容易带来实感。

当被问到"平时喜欢做什么啊？"的时候，虽然可以普普通通地回答"喜欢去摇滚音乐会"，但是如果进一步聚焦，就可以说"喜欢布袋寅泰[①]弹吉他的手指，特别是被其食指尖折服"，更能表现出你的热诚。

说话要像数码相机的镜头一样，能够收放自如，注意区别"广泛"和"特指"、"抽象"和"具体"是非常重要的。

---

① 布袋寅泰：日本摇滚音乐家，吉他手。

斋藤老师

在集体里挑出一个典型个体，可以获得整个集体的认同。安住工作时曾经到访过一所高中的合唱部，点到了其中的一个学生，说他的室内鞋怎么这么破旧，获得了大家的欢声笑语。

原来的总理大臣田中角荣在演讲中也有过类似的情况。他突然向在眼前的婆婆询问"婆婆，你说是不是这样"，一下就抓住了在场其他听众的心。

方法拓展 ▼

在恋爱关系中也是这样的。如果被问了"你喜欢我哪里啊？"这样的话，回答对方"喜欢你左耳的痣"这样特定的点是更能讨对方欢心的（也有不同的情况）。

问：在很多的人面前怎样讲话？

答：注意夸大自己说的东西。

安住主播

　　根据听众人数的不同，说话的方式也要做出相应的改变。就算只是一个人或者两个人的区别，说话的方式也不能一样。像学校老师那样面对 30～40 人时的说话方式，和同时面对几百人时的说话方式当然也要有所区别。

　　根据我自己的感觉，听众超过 100 人后，说话的方式就不需要再有区别了。在这种情况下，大家的注意力丧失会比较快，所以要夸大讲话的内容，有意识地像演戏一样说话。敢于装成"怪人"来说话是最理想的。

　　在 30～40 人的教室里像演戏一样说话，就会丧失真实感，让你的内容像谎言一样。这种时候应该认真地说话，不用费力去夸大讲话的内容。比起说夸大的内容，用普通的方式说话更容易传达你的想法。

　　务必注意，不要在三四十人的场合夸大其词，这样会被当成糟糕的人。但是也有斋藤老师那样只要在人前说话就会嗨起来的人。不过因为他是"王牌老师"，平时只在几百人面前演讲，能够单独面对面听到他讲话的机会很少，所以他的情绪再怎么兴奋对于听众来说也是可以接受的。如果只是个不认识你的人，你和他说话时突然情绪高涨，会吓到对方的。

斋藤老师

我也经常在五百来人面前做演讲，确实会在不注意的时候就会进入"怪人"角色中。在后台沟通的时候还是平时的普通样子，但一到了众人的面前，就会唐突地变成认定自己是天才的怪人。这是为了感染他们的心灵，属于无意识状态下做出的技巧性的反应。

方法拓展 ▼

在日本武道馆或东京巨蛋这种场地，面对一万人以上的听众时，即使讲一个很深刻的故事，也很难传达到大家心里。这种情况下，基本只去做介绍和通知就好，不要贪心地去讨论别的话题。

问：说话时很难得出结论怎么办？
答：用情报使话题结束。

安住主播

现在的年轻人存在对没有结论的话题产生恐惧的倾向。当朋友觉得你的话题没有结尾时，这一天之内你们都很难交流了。

但是，毕竟并非所有人都是专业的搞笑艺人，强行在话题的最后抖包袱对于普通人来说是很困难的。

再者说，是否需要对话题做出结论，根据时间和场合的不同也有不同的判断。

闲聊的时候，女性通常不太讲求因果逻辑。当她们在谈话中逐渐变得兴奋时，其实只是在不断地认同别人的观点："啊——那个很可爱啊。""是啊，真的很可爱。""它真可爱啊。"

这种情况下的讨论是不会产生结论的，只是在互相接受想法的同时推进交流。

所以当女性听众数量多的时候，不要太早地得出结论才是上策。

另一方面，多数男性只有在听到结论后才会被说服，因此

第一章｜简单易懂地说话

最好尽早下结论。

比如说，"那个真的很可爱，100个人里有98个人都这么说。"

无论如何都得不出结论时，还有"用新情报收尾"这一个招数。

比如说，以"御茶之水开了一家新的定食①店"作为开始的话题，当你发现无法对其结尾时，可以释放出"那家店营业到半夜哦""手机可以下载那家店的优惠券"之类对方并不知道的情报，整个话题就完整了。

我也经常使用这种方法。在我说出"东京的演出是从×月×日开始"后，会以"到当天也还会有入场票贩卖"作为结尾。

斋藤老师

在学术的世界，得出结论这件事本身并不一定有重要的意义。换句话说，揭示问题本身才是重要的。

也就是说，当话题无法总结时，意识到话题中显露出的问题的意义是最重要的。也就是说，可以用"今天的讨论重点是

---

① 定食：日本料理中套餐的意思，是日本饮食文化的一种。

×××，今后我想大家继续讨论这一点"这种揭示问题的说法来做话题的总结。

或者对其进行强调："今天我想告诉你们的是×××"，可以在话语中明确关键点。再用剩余的15秒快速说明话题里重要的内容，会给人一种很会结束话题的感觉。

第二章

让人际关系变得更好的说话方式

安住绅一郎　　**让谈话对象舒心**　　斋藤孝

安住绅一郎 ▼

越是年轻的人，越是讨厌所谓"恭维"的话语。可能是因为一直说恭维话的人看起来有一副谄媚的姿态吧。

但是，"恭维"也有对他人表达友善这一积极层面的含义，并不仅仅是谄媚时使用的话语。

为了更好地与他人沟通，我们需要一种让他人感觉良好的"服务精神"。想要让对方感觉良好，并不等同于要说出自己内心都无法认可的谎言。

要点是，要好好地把自己的情感整理成语言，传达给对方。说到底，自己情感的传递要认真地发自心底，而不是漫不经心地突然说出口。正经地用语言表达的话，对方的反应也会有所变化。

我和别人一起吃饭的时候也会说"今天真的是很愉快"这样的话。虽然对方可能会想"也许他只是在说些社交的场面话"，但是听到别人这么和自己说话，肯定还是会产生愉快的感觉的。

至少我在说话时，不会让别人或自己产生不舒服的感觉。让对方感到愉快，人际关系也就会朝着好的方向发展。不要只顾虑着不想说奉承人的话，而是应该积极地去用语言表达感情。

在去餐厅之类的地方时,如果吃到了好吃的东西,会产生感动的情绪。觉得这道菜真美味啊,这种价格能吃到这么好吃的菜肴真幸运啊之类的。想必能够在一起吃饭时交流这种感动情绪的人,不是朋友就是恋人吧。当然,在现在这个时代,在社交网络上交流这份感动也是很常见的。

但是,其实除了这些人,还有更需要传达感谢的人。那就是用心做出这好吃菜肴的餐厅的工作人员。

仅仅是向店里的人说出一句"这道菜肴真的很好吃,非常感谢",也是可以改变别人的人生的。

去寿司店的时候,不如试着观察一下寿司师傅的动作。

从鱼市买来的整块金枪鱼之类的鱼肉,通常是放在柜台的玻璃柜里的。师傅要把大块的金枪鱼切成刺身大小,握成寿司,再提供给坐在吧台上的客人们。寿司的味道会因为整块三文鱼上部位的不同而有所不同。而且作为寿司师傅,是很清楚买来的鱼肉的哪一部分是最好吃的。把最好吃的部分提供给哪一位客人只在于师傅的一念之间。

寿司师傅也是人,不仅仅会把好吃的部分提供给常客,基于人情世故还会给聊得来的客人们提供美味的部位。

如果有一位客人,一进店就向师傅说"今天能来这里吃寿司,我很开心",在寿司入口以后说"这个很好吃呢",那么寿司师傅基本必定会向这位客人提供金枪鱼最好吃的部分。

更甚者,如果是被邀请到这家寿司店的,不如认真地向邀请你的人说:"今天很开心,下次也拜托了。"这么做的话,有可能还会被邀请去寿司店,再次吃到美味的金枪鱼。

这就是所谓"恭维话"的用处。

请不要把这种说话方式当作一种不好的行为。多多地说恭维话可以让交流更加顺畅,为人生带来更多的效益。

斋藤孝 ▼

去夸赞谈话对象的身份，是必定可以让对方感到开心的。

直接夸赞别人是很难的，但是只是夸赞别人的身份的话就会变得很容易，这也是这么做的一个好处。

"身份"是由美国的心理分析学家爱利克·埃里克森传播开来的概念，翻译过来也可以叫作"存在证明"。

简单来说，就是证明一个人存在的"证明书"一样的东西。

其实，可以证明人存在的实体材料是不存在的，人的身份仅仅是由他的双亲、故乡、经历等各种各样的要素共同缔造的。不管是谁，都会爱着关于自己身份的一切。

比如说，一个人会爱着自己故乡的家乡菜，把它作为自己的"灵魂食品"。所以当吃了某处的乡土料理后，对其大加赞赏，这个地方出身的人听了以后自然会很高兴。

其实比起"赞赏"而言，以"感同身受"的感觉去和对方交流，可能更容易让对方感到愉快。

如果对夸赞对方这件事重视得过了头，就会让别人觉得你过于重视礼节，反而会产生距离感。

比起"这道菜做得真棒啊""真是过人的唱功啊"这种夸

赞的说法，不如试着把重点放在自己受到了何种影响上。"这道菜真的好好吃啊""听了这首歌感觉全身都放松了"这种感同身受的说法更加容易传达自己的想法。

另外，在"让别人感到舒服的说话方式"这方面的意义上，察觉在交流中他人已经给出反应的点，并试着以这一点为中心做出发散，以此让对方更加高兴，也是一种思路。

比如说，当注意到了自己说了什么获得了些许笑声，可以对这些笑声做出回馈："在这里笑一笑是重点哦，我会很高兴的。""其实这里的笑点是我昨晚辗转反侧想出来的哦。"

就像细小的涟漪可以变化成巨大的漩涡一样，人和人之间的关系通过有来有往的交流，也可以进一步增益。

反过来说，如果自己作为倾听者的角色，就应该捕捉对方发言的一些瞬间，做出被逗笑、被吓到、吐槽等反应，这样就会让对方觉得你和他一起说话很开心，他做出的发言也会变得容易许多。

像这样，试着积极地去创造好的说话氛围吧。

总 结

▽▽
▽

① 恭维话不等于谄媚

② 要好好用语言表达自己的心情

③ 积极地说恭维的话

④ 通过交流来使关系进一步增强

安住绅一郎 "鹦鹉学舌"可以让对方一直讲话 斋藤孝

安住绅一郎 ▼

"附和"和"插话"都是在对话中让谈话对象更加舒服的重要手段。我在进行谈话时，也是非常重视附和对方的。

只有录电视节目的时候比较特殊。如果有附和的声音就会干扰剪辑，所以一般我们会被要求不出声地附和。

所以，在看着主播采访的时候可以看出，他们都尽可能地不出声，只是像演哑剧一样点头，以此来鼓励谈话对象继续说下去。

当希望对方顺着现在的话题继续展开的时候，复述一下对方说的话——也就是再问一遍，是一种很有效的手段。

《森田一义时间笑一笑又何妨！》[①]这一富士台午间档招牌节目，直到2014年已经持续放送30多年了。节目中，主持人塔摩利先生每天在"震惊电话"的环节中和嘉宾进行对话。在这时塔摩利先生经常使用的方法就是鹦鹉学舌。不如说，更加准确的说法可能是"基本只去鹦鹉学舌"。

举个例子吧，每次的节目中，谈话基本都是这么进行的：

---

① 《森田一义时间笑一笑又何妨！》：是日本播放了30年以上的长寿电视节目，森田一义（艺名塔摩利）为该节目主持人。

第二章 | 让人际关系变得更好的说话方式

　　嘉宾："我最近去了香港。"
　　塔摩利："哦？去了香港？"
　　嘉宾："在那里买了特产回来。"
　　塔摩利："特产？"
　　嘉宾："因为香港有好多好吃的东西啊！"

　　塔摩利先生基本只是去重复对方话语中的单词，再加上"为什么？""怎么了？"这样的问句。这样的结果就是每次节目中会话的节奏都很不错。

　　这样的鹦鹉学舌，是在谈话中极为有效的技能。

　　除此之外，吃惊地说"真的吗"和感同身受地说"果然啊"也是很有效的。这种情况下可以把自己具体吃惊或感同身受的点传达给对方，一口气抓住对方的心。

　　比如说，和朋友碰面时，看到了朋友穿着新买的T恤，就可以说"你买了这件T恤啊"。仅仅是说"很适合你"会显得稍微有点不够力度，因为给人一种干燥乏味的感觉，可能会让对方失望。

　　如果进一步知道那件T恤的价值的话，还可以这样说："哇！这T恤是价格被炒上天的那件限定T恤吧？好厉害啊！你怎么买到的？"

通过交谈，人们会不断衡量对方的兴趣喜好是否和自己相近。在这里明确说出T恤的价值，就可以让对方觉得你是懂行的人，可以一口气拉近距离。

为了更好地附和别人，努力收集情报也是必不可少的。

上司或者资历老的同事邀请你吃饭的时候，比起说"这里是什么样的餐厅啊？真好"这种话，不如试着把它升级一下："这是那间不提前3个月预定就占不上座位的餐厅吧？听说没人介绍都去不了，邀请我真的可以吗？"

说到这种程度的话，邀请你的人就会觉得"这确实是个值得邀请的家伙啊"。毕竟谁都不想邀请不懂得预约餐厅有多难的人。

和上了年纪的人说话的时候，他们会说很多在你出生之前年代发生的事情。这时如果你什么都不知道的话，谈话就有可能没法再进行下去。所以谈话前积累情报是必不可少的。

但是，如果刻意卖弄自己知道的情报，反而会让对方扫兴。

上司带你到某家餐厅时，如果你说"啊，这个餐厅特别棒，我前一阵子来过"，上司听到了会是什么感受呢？这样说话也太扫别人的兴了。

有些时候，隐瞒一些自己已知的情报，装出新鲜的反应也是有必要的。对于这方面的斟酌，只能依靠自身的社会经验了。

社会人士真的很辛苦呢。

斋藤孝 ▼

学生们在交谈中很少有随声附和的情况，但当积累了社会经验后，他们附和的方法会更加成熟。

很会附和的人，也给人一种很会工作的印象。

面对想和部下说话的上司，只要像安住说的那样做就可以了，一直鹦鹉学舌，话题就不会中断。就算谈话真的中断了，想让谈话继续进行下去，只要询问"例如××是吗"就可以了。

说出"例如"和具体的例子，永远是让对话继续进行下去的引子。

我和美轮明宏先生对谈的时候，美轮先生说："日语的合唱和童谣，有很多歌词都很华美。"考虑到仅仅附和一句"是啊"并不能炒热现场的气氛，我就举了个例子："比如说野口雨情写的歌词，都很有诗情画意呢。"野口雨情是个有名的诗人，他写过童谣《红靴子》等作品。

美轮先生顺着我的附和，真的开始唱野口雨情作词的童谣。

当别人和你说"黑白的老电影有很多好作品呢"，如果你能回答："比如法国电影《大幻影》^①，尚·嘉宾演过的电影都很棒啊"就太棒了。有了这样的回应，对方就会像开关被打开一样，开始滔滔不绝地谈论电影的话题。

如果想通过附和来引出对方的话题，自身的基本教养必不可少。

---

① 《大幻影》：法国电影，尚·嘉宾（Jean Gabin）主演。

总 结

① 鹦鹉学舌就可以让对方说得起劲

② 具体说出对方话语中令你惊讶或感同身受的点

③ 和别人谈话前的情报积累必不可少

④ 具体的例子是让对话继续进行的引子

安住绅一郎　通过调整话题的发展脉络
　　　　　提起对方的兴趣　　　斋藤孝

安住绅一郎 ▼

电视界有一句话:"是通过内容本身吸引人,还是通过内容的发展方式吸引人?"

商店举办特价活动,客人就会觉得:哇!好便宜啊,这个东西也想买,那个东西也想买。这就是通过内容本身吸引对象的一个例子,通过内容让对方兴致高涨。

不过,引起客人购买欲望不一定需要搞特价,找一个店员在卖场喊:"这个喜不喜欢?这个呢?不喜欢蓝色的话红色的如何?今天很罕见地还有红色的库存哦。"通过这种行家级别的内容编排,也可以有效提高客人的购买欲。像这样正确地组合"内容本身"和"整体规划",也可以炒热电视节目里的气氛。

事实上,在和别人进行沟通的时候,如果想让对方兴致高涨,引出对方进一步的发言时,这种方法也是通用的。

在做节目时,当我发觉自己准备的话题并非足够充实,我会把嘉宾要坐的椅子调整到最佳的状态,把屋里的温度调节好,和节目组商量好端上咖啡的时机,等嘉宾一入场就立刻开始摄影。这么做甚至会让嘉宾脱口而出"啊?已经在拍摄了吗",从而接着他说的话继续说下去。感觉自己好像可疑的狗仔摄影师一样。

把整件事想象成竞赛的话，在内容本身的质量无法拉开差距的时候，要比的就是提出内容的方法了。在决定如何提出信息时，用稍微快一点的节奏是最为理想的。只不过，如果只是有气势的话，是有可能造成严重的失败的。

当对方终于开始跟着你的节奏走的时候，人们总会觉得这个时候或许应该开始连珠炮似的发问，但其实不然，这时应该做的反而是要压抑住自己的情绪。要敢于把自己想要提问的情绪压制住，沉默地去等待对方的下一句话。

这种"沉默"的手段，我也是最近才开始使用的。直到最近，我都以为只要自己滔滔不绝对方就也会跟着一起滔滔不绝，但后来我发现其实不是这样的。

仔细观察塔摩利先生会发现，他在做主持工作时自己并不怎么说话。也就是说，时而保持沉默也是很重要的。

斋藤孝 ▼

想要引起对方兴趣时，最重要的就是"说话的节奏"。展开话题的节奏很好的话，就会给人以"整体安排得很合适"的好印象。

就算话题的内容多少有一些浅显，只要像安住说的那样去做，也可以让对方提起兴趣。我曾经这样训练过小学的孩子们：把日本电视台的《丘比3分钟美食》[①]节目给他们看，让他们把所有菜肴的完整过程——包含烹饪过程和解说过程——都记录在纸上，再凭借他们自己的记忆去重演整个节目。

对于只有3分钟的美食节目而言，节目的脉络走向就是生命。所以，节目中的厨师解释其烹饪步骤时的节奏都是很好的。通过去重演这些节奏良好的烹饪解说，想必可以让头脑变得更灵活。

在这些孩子里，有一个小女孩，她对节目的再现程度高到令我惊讶。她在重现的时候，不用看笔记之类的东西，就能做到能直接当作电视节目播放的程度，有非常好的节奏。如果能有她那么好的节奏感去把控内容的展开，并且将其运用到发言

---

① 《丘比3分钟美食》：日本的一档烹饪节目。

上，一定能让人觉得你有着很高的发言水平。

其实，世间包罗万象，基本全都有其背后的发展规律。

比如说对于历史事件，都可以说明成"因为有了××，所以发生了××，因此导致了第二次世界大战"这种形式。也就是说，拥有清楚说明事物发展规律这一能力的人，通常拥有着更高的理解能力。

当然，不仅仅社会学科是这样，语文也好数学也好物理也好，基本所有学科都是这样，都要求学者拥有寻找规律的能力。

数学不好的人，比起说他们是计算能力不行，不如说是他们寻找解决问题脉络的能力不行。

数学的学习能力，会直接影响语文的学习能力。

在自己进行话题的结构调整练习时，不妨从自己擅长的领域开始说起。

擅长烹饪的人就去思考烹饪话题如何展开，擅长园艺的人就去琢磨园艺话题怎么推动，这样从一开始就会比较容易。

TBS 电视台的节目《松子不知道的世界》[①]，每一期都会限定一个主题，然后找到熟悉这一主题的普通人作为嘉宾，再

---

① 《松子不知道的世界》：TBS 电视台的一档综艺节目，由贵妇松子主持。

让他们把这个主题介绍给贵妇松子。

看这个节目就会发现，节目组邀请到的每一位嘉宾发言能力都很棒。

这就是因为到了自己擅长的领域，无论谁都懂得话题背后的脉络如何去延展。

我曾经做过一项训练，从 1 号到 20 号分出 20 张纸，尝试着把一段 15 秒的广告进行切割分解，分解到越细越好的地步。像这样把一段成品抽丝剥茧地去分析其脉络走势，也是提高自己对话题的安排能力的方法之一。

总 结

①
不光要有内容，还要考虑如何引出内容

②
想要通过话题的发展方式吸引对方，快一些的节奏是更有效的

③
时不时也要放缓节奏，用沉默来等待对方的话语

④
从自己擅长的领域开始练习话题发展脉络的调整

安住绅一郎　　**鼓起勇气获得对方的笑声**　　斋藤孝

安住绅一郎 ▼

扑克牌里有被叫作"大小猫"的牌,牌面的图案是小丑。虽说游戏规则各不相同,但大部分规则中小丑拥有的能量比 Q 的王后和 K 的国王还要大。

扑克牌仿佛向人们暗示着一个事实:讲笑话的人有时比掌权者地位更高。

事实上,昔日的贵族大宴宾客的时候,为避免国王摆的臭架子扫了客人的兴,通常会招来"弄臣"给宴会助兴。即便是现如今,嘲讽当权者和权威的黑色幽默通常也会被认定为高压的搞笑,广受好评。

进行交流时,欢声笑语和幽默感是最最重要的。

但是,说到底,想要获得听众的笑声绝不是那么简单的事情。

一个人的幽默感可以显示出他的本性、他的价值观,也可以了解到他知道的事情是哪个年代的,等等。对于政治家们来说,就算只是随口开个玩笑,也经常会受到指责。

就连我也是,经常是原本打算引起大家的欢笑,结果却完美地遭遇冷场。我觉得没有比这更羞耻的事情了,这种时候真的很想在地上找个缝钻进去。

即便如此，试着获得笑声也是有价值的。当你创造的笑点引发了满堂大笑，真的会有爽过升天的感觉。

人们刻意制造的幽默和笑料，通常有以下几种模式。

首先是全世界通用的笑点：摔倒、受伤、吃超辣的料理这些让身体受到摧残的行动。无论是哪里的人，看到了都会觉得可笑。

北野武先生在电视节目中登台时，经常表演一现身就摔倒的段子，而且经常引发全场爆笑。

冷静下来想想，人真的是一种很残酷的生物，不过当看到故意让自己受摧残的人时，也是真的所有人都会忍不住发笑。

其次，看到别人的失败、缺陷、肮脏、做着和他不相称的事情等也会令人发笑。

只不过，左脚绊右脚摔个马趴这种事对于搞笑艺人来说也许是初级技巧，对于我们这样的普通人却是模仿不来的笑料。所以不到万不得已，还是不要折磨自己的好。

那么，如何用稍微容易一点的方法获取别人的笑声呢？

模仿是一个好方法，就算只是普通人也有很大概率可以博得满堂彩。给大家表演还算说得过去的模仿秀，模仿对象可以是鸡，可以是大猩猩，看到的人无论如何也是会笑出来的，不管是谁。

在学校，擅长模仿老师的学生通常都很受欢迎，也正面证明了模仿这一手法的优越性。

如果想要朝着别的方向努力，还有一种方法——通过大家的感同身受让别人发笑。当察觉大家都对同一件事感到无聊的时候，犀利地用语言指出大家都很无聊，此时在场的人如果有相同的感受就会激发笑意。

搞笑艺人会写关于时事热点的段子，就是通过感同身受来制造笑点的好例子。当搞笑艺人背地里为黑道表演赚钱的事件日益发酵，新闻中每天都在报道的时候，就会有艺人在段子里写"今天我来您的帮派表演了"这样的笑点，而且在获得笑声这一点上确实有效。

更加高级一点的方法是通过说明来获取笑声。当人在很短的时间内听到一个人毫无情绪起伏地对于某件事物进行合乎逻辑且有条有理的说明时，就会会心一笑。有吉弘行和笨蛋节奏①的说话方式，是这种搞笑方法的代表。

值得注意的是，要恰当地运用"自大"和"自嘲"。

人类是极度喜欢看别人不幸的生物。"不受欢迎""穷困潦倒""毫无声望"这类自虐一样的话题很容易受欢迎，可以

---

① 有吉弘行和笨蛋节奏：都是日本的单人搞笑艺人。

当作保留节目。而相反地，在谈论自己感到骄傲的话题时，不要有任何的谦逊，去扮演一个自大的角色，效果是最好的。就算你是个学生，也可以说一些自大的傻话，比如"老子是投资天才，一天就能赚两亿日元，所以不需要打工的哦"，可以给人一种大智若愚的感觉。

我想明大的学生应该还是有这点服务精神的吧。

斋藤孝 ▼

古谷三敏先生的漫画《寄席艺人传》中有这么一篇：

有两个年轻人想拜一名落语家①为师，其中一个年轻人很喜欢落语，也很会说话；另一个则憨憨的，不怎么会说话。

落语家最后收了憨憨的年轻人为徒，因为他"有那种范儿②"。

"范儿"是落语用语，用来形容一个落语家天生自带的气场和魅力。就算后天去学习再多的落语技巧，也没有办法让自己有范儿。

谈话中讲的笑话是否能引人发笑不仅仅取决于笑话的质量，还与是否有逗人发笑的气质和天赋有关。

有逗人发笑的气质和天赋的人，不管做什么，在旁人眼里看起来都很可笑，漫不经心的一句话也会引发笑声；没有逗人发笑的气质和天赋的人，就会很容易陷入冷场的尴尬境地。

我教的学生里也有这样的人。明明你知道他是在很认真地

---

① 落语家：落语，是日本的一种传统表演艺术，基本形式为一个人在台上讲笑话，和中国的单口相声类似。
② 范儿：落语专有名词。

跟你说话，但是不知道为什么看着他就会很想笑。

另一方面，有一些人试图逗乐别人却并不成功，陷入了尴尬境地。这些自身气场并不能逗乐别人的人在这种情况下有两个应对方式。

第一个方法是，不怕心灵受到伤害，把自己的笑料接着说下去。这个选择只适合那些精神强大的人。

另一个方法是放弃搞笑，专注于真诚的交谈。

我认为这两个方法应该交叉反复尝试，直到找出更适合自己的那一个。在试图搞笑的时候如果冷场了，不妨试着真诚地进行对话。没准在这么做的途中就发现了适合自己的搞笑手段呢。

敢于去挑战逗笑别人的人，都是勇者。

我在去全国各地进行巡回演讲的时候，曾经鼓起勇气挑战过是否能够一张嘴就逗乐观众。比如在北九州市打招呼的时候，我没有说"大家好，我是斋藤孝"，而是说了"大家好，我是莉莉弗朗基[①]"。因为这是我认为北九州出身的名人里最有可能逗笑观众的那一位。

对于我的学生们，每半个学期我就会给他们布置一次"成为搞笑艺人"的课题，在大家肯定会笑个不停的情况下，让所

---

① 莉莉弗朗基：日本演员，原名中川雅也。

有人一起演短剧。

演出内容是什么呢？我会让他们把社会学的"三权分立"、英语的"第三人称单数现在时的s"、爱因斯坦的"相对论"等知识，像搞笑艺人一样解说出来。一开始还忐忑不安的学生们在演完的瞬间，都会表现出"真是太棒了"的反应。

"第三人称单数现在时的s"的表演中，有一名学生把s设定为要送给go先生的快递，"e不在我没法签收啊！"这句台词在小组中获得了大量好评。

鼓起勇气挑战搞笑并且获得了成功，真的可以获得很大的快感。记住这份快感，在日后的生活中努力继续获得更多欢声笑语。

我向明大学生说："明大的学生直到心灵破败不堪为止都要去试图收获别人的笑声。"

我觉得，在聊天中没有办法说任何有趣的事情的人，在谈话中做的贡献是最少的。

安住也一样，要有明大学长的样子，试着让电视业界每天都充满欢笑吧。

总 结

① 通过讲述关于时事热点的段子获得感同身受的笑声

② 淡淡地有条理地进行说明可以获得会心一笑

③ 说自己感到骄傲的经历时要装出一副自大的样子

④ 就算受伤也要继续试图收获笑声

问：和初次见面的人说话时的要领是什么？
答：声明自己对对方很在意。

> **安住主播**

和不认识的人见面时，无论如何都应该表现出对对方有兴趣。可以开口和他说"认识你很高兴"试试看。换句话说，不要一味等着第三者来引荐彼此，从自己这里主动出击，是最为有效的。虽然这个方法很有效，但这么做其实要比你想象中困难得多。

和别人初次见面的时候，很多人都会觉得紧张，如果这个初次见面的人是你的上司之类的人物的话，你的紧张感会更甚。

在社会中身居高位的、有名的那些人，都可以预想到和自己会面的人的状态，知道和自己会面的人几乎百分之百是会紧张的。

在这种情况下，"大人物们"通常会首先开口："今天也许会有些紧张，不过有劳你了。"

身段较高的人如果为人体贴又正直，就会让面对他们的人愿意跟随他们。

无论如何，在和别人初次见面时，最好不要畏畏缩缩。在见面的瞬间就要好好传达自己的想法，一口气缩短两人之间内心的距离。这是消除紧张感的最佳手段。

第二章 | 让人际关系变得更好的说话方式

斋藤老师

在和别人初次见面时感觉紧张，这件事本身其实并不是很严重的问题。还有一些人更过分，连紧张都做不到，只是一直发呆。

但是，如果身体被紧张感支配，就没有办法好好介绍自己了。

如果感到紧张的话，不如试着转动一下肩胛骨，深呼吸几口，以此来放松自己。

或者在原地轻轻跳个三四次，也是会让出声更加容易的。

面对初次见面的人，最好尽早找出你们之间的共同点。简单问两三个关于爱好和兴趣的话题，如果能找到你们之间的共同点，接下来要做的只是顺着这一点继续谈下去，就能让谈话气氛变得更好了。

我自己的情况是，在谈话的时候如果甩出关于养狗的话题——基本上三个人里就有一个是爱狗人士——对于缓和气氛是非常有效的。

我的熟人在和不太好交往的人说话的时候，经常带出他家养的狗的话题来活跃气氛，对方对他的评价也会一瞬间变好。

有时如果看到说话对象身上有明显的日晒痕迹，可以询问对方最近是不是做了什么运动，然后可以通过高尔夫球或者足球的话题来进一步带动氛围。

事先使用社交网络来调查对方的兴趣也是一种有效手段。看了以后，可以和他说"我稍微看了一下你的 ins，你很喜欢看电影吧"，可以很容易地诱导对方发言。

问：向谈话对象提问时的要领是什么？
答：一点点迫近问题的核心。

安住主播

在节目里向嘉宾提问的时候，通常要注意三点：一是对方想说什么，二是观众（听众）想看什么（听什么），三是我自己对对方有什么兴趣。在意识到这三点的情况下，才可以向对方提问。但是，就算你真的提出了问题，对方有的时候也还是在接着说上一个话题，并不会很快地转移到你提的问题上。这种时候就要用自己的经历打比方，做出诱导提问："我在这方面是这样的，你呢？"

不管怎么说，在提问的时候最好不要想着只靠一个问题就搞定对方。

就好像棒球运动里的投球手一样，一开始都会先投几个测试球来测试一下打者的打击范围。在提问中，不仅仅是去用"大直球"去推进问题，交换使用"变速球"或者"慢速球"的手法来提问，就可以一点点地迫近问题的核心内容。

被称为"采访高手"的人，经常可以听到他们提出很直接又很难回答的问题。这种情况是因为他们有能力投出"超级快的测试球"，对于我们而言是学不来的。

> **斋藤老师**

在谈话时，节奏变得越来越好、谈话对象滔滔不绝之时，就有机会可以听到对方的真心话。在碰面的时候立刻说一句夸赞对方的话，可以是穿着，可以是别的，就会让对方感到舒服，提问也会变得更加容易。有一些社会人士在面对客户或者上司时，会大大咧咧地提出不客气的问题。这样的人为什么不试一试提起对方兴致或者用沉默引对方说话的这些方法呢？

方法拓展 ▼

为了进行让人舒心的采访，一定要在一定程度上跟随对方的步调。感觉到气氛还不够热的话，可以试着慢慢开始说话，有时也有不错的效果。

问：好的夸奖方法是什么？

答：谈及自己确实注意到的地方。

> 安住主播

并不会有人被夸了还摆出一副臭脸，所以我认为经常说一些赞美之词是好事。

但是，有很多人在社会上已经广受称颂了，像我每天在电视节目中结识的人们那样。通常，我们很难找出适合的话去夸奖这一类人。

而且在当下这个时代，如果有夸赞异性的打算，甚至有被指责成性骚扰的风险。

15年前左右，还是可以很平常地在对话里说"你全身散发着恋爱的气息呢""剪头发了？蛮不错的哦"的年代，现如今这样的发言却已经进入了灰色地带。

最好不要直接夸赞对方的身体部位，而是夸赞你直接看到的或者注意到的地方。

比如说，对方给你端来咖啡的时候，就可以说"这个真好看，谢谢""这咖啡真好喝"之类的，这样的发言就完全没有问题。

如果夸奖咖啡杯没有得到太多对方的回应的话，就继续夸赞咖啡的味道、小点心等，把所有注意到的地方全都说个遍。

就像上门推销一样，放弃是绝对不行的。不知道哪样东西能命中红心的时候，从左到右一样一样夸过去就好了。

斋藤老师

以前我和北野武先生对谈的时候，他跟我说"我想获得更多的称赞"，给我留下了极为深刻的印象。

其实可能很多人都想象不到，作为公司的经理或者总裁这样的上层人物，获得称赞的机会非常少，获得发自肺腑的称赞的机会更是几乎没有。

安住来我家的时候，若无其事地夸赞了我给他的咖啡的味道，还有我家地毯的花样。我家虽然有过很多媒体从业者到访，但是像安住这么夸人的还真的是第一个，这让我觉得很有新鲜感。

当我有一只带有小翅膀的咖啡杯被夸了以后，我向安住说明"这是和米米CLUB的石井龙也先生对谈时获得的伴手礼"，于是我们之间聊天的氛围就变得热络起来。

在对话的时候谈及注意到的地方是需要大量脑力的活动。能够轻描淡写做到这一点的安住真的很强。

第三章

为了交流的知识储备

安住绅一郎　尝试接受三倍于他人的信息　斋藤孝

安住绅一郎 ▼

在刚刚毕业进入 TBS 电视台时，我往自己住的房子里放了 8 台电视机。当时我去了涩谷的大型家电卖场，用第一次拿到的消暑费买了它们。真的是足足 8 台 14 型的显像管电视。

我记得当时非常偶然，那个店员在电视上看到过我，并且感服于我对于学习的热忱。我对此非常开心。

把买回来的电视放在房间里，每天在同一时间把 8 台都打开。

我会把其中两台分别调到频道 1 和频道 2，再把这两台的音量开大。这是为了看看每个不同的电视台如何去报道同一件新闻。

现在回想起来，感觉当时自我陶醉的部分多少有一点多。不过在自我陶醉的同时，看着好几个电视频道放在一起播放，会有一种自己在这个行业工作的实感，感觉自己可以尽我所能。

电视行业当时有一句话："总之尽可能去看大量的电视节目吧。"所以我当时很理所当然地把这句话理解成：我同时盯着一大堆电视看不就好了吗？

另一方面，当时这么做也是为了表明自己的决心——既然要做就要做到极致，不然无法给自己开路。就好像同时在手里拿了两根铅笔，同时去写字的感觉一样。

现如今，科学技术已经可以满足同时对不同电视频道进行录制的需求了，非常方便。这样，就不需要同时去看好几台电视了，不过我还是很庆幸自己二十来岁的时候有过那样一段"做得过火"的时期。

不管在什么行业，想要在工作中做出更好的报告或发言，拥有三倍于你谈话内容量的知识储备量都是必不可少的。

这就好像在跟团旅游的时候，参团的每个游客的旅游路线都是一样的，这是固定死的。你只能和其他所有参团的人踏上同样的旅程。

但是在观光景点自由参观的时候，走路的速度可以是别人的三倍，这样一来你看到的东西自然也会比别的游客多上不少。人是应该有这种韧劲的。

不一定局限于旅游，比别人读更多的书也是好事，看电影也是，参加音乐会也是，这种事情都是多多益善的。

因为每一件事都是会产生开销的，所以对于大部分人来说可能都没有办法一直投入大量钱财去参与其中。因此，在感觉自己有想要去参与的心情的时候，你更应该抱有超于常人的热情。

虽然我现在在这里也只是纸上谈兵罢了,不过让我们期待这种心情的出现吧。

说到底,知识储备也只不过是情报输出的手段而已。不能把知识储备本身作为做事的目的。

把它作为目的的话,就会像没头苍蝇似的到处乱撞乱看,那就本末倒置了。

理想情况下的知识储备,应该是自然而然、顺水推舟的。寻找一个聪明且高效的手段是很有必要的。

斋藤孝 ▼

我念大学一年级的时候，为自己设立了一个目标：一年多买一个书柜，每年都把之前的书柜装满。当时是因为自己已经是大学生了，所以决定为书和书柜投入更多。

结果是一个书柜只能放三百本左右的书，而我一年看的书比三百本多了不少，所以我买书柜的频率比我预期还要高出不少。

就像安住买了很多电视一样，看着自己拥有的一堆书柜也会让我情绪高涨。会有一种"我居然读了这么一大堆书"的自信。就算是现在，在买了新的书柜的时候，我也会感觉提高了自己的气势。

表达能力强、说话很有意思的人，通常都有刻意做大量知识积累的习惯。

想要做出更好的表达的话，就要尽可能去积累不同领域的知识，并且时常铭记这件事。

我的情况是这样：我在上网查东西的时候经常开着电视让它放着，我的耳朵可以接收电视节目的消息。还有，我在做"空中蹬车"的时候会找一本书读，同时戴着耳机听音乐，还会时不时地瞥一眼电视。这种情况对于我来说并不罕见。

最近的电视节目中，为了烘托气氛的字幕出现频率越来越高，所以就算听不到声音，也可以获得节目的一个大致信息。像这样通过多方途径去积累各种各样的知识情报，基本就能清楚最近的所有时事要闻，便很少会有自己不知道的新鲜事了。

对于实事要点这类新闻而言，只看一遍的话很容易就会忘了，但是如果通过三种左右的媒介传达给大脑，就会完全记在脑子里了。

在看到报纸的时候，如果发现这个新闻自己在电视上和网络上都见过了，那么很自然地就能确定自己已经记住它了。

总而言之，通过多方渠道获得消息，就可以应对绝大多数的闲聊了。反过来说，没有办法跟着别人的话题谈论实事的人，应该察觉到自己获得信息的途径很狭窄。

有一些人平时在生活中会一直开着收音机，不管干什么都一直在听。

如果收听的是一些信息量巨大的私人节目的话，主播说的话会多到好像淋浴喷头的水一样，喷到听众的耳朵里。

我认识一个洗衣店的老板，他在工作的时候就会一直开着收音机，和他聊天的时候就确实觉得他说的话题很丰富。

在生活中融入广播节目的话，会很轻松地增加你的知识储备，我觉得是一种很有意思的手段。

　　自己积累的知识、情报，要有意识地在和别人聊天的时候说给别人听。把自己储备的段子在别人面前讲述，自己也会感到些许快乐。思索着应该把听到的事跟谁说的过程中，这件事就会深深刻在脑子里了。学生时代的我在读哲学书或者古典小说时，也会有意识地把看到的东西说给别人听。

　　当时我和朋友每周都会交谈自己读到的书，交流彼此在每本书中读过的内容。如此一来就有了更多读书的动机，也就更有动力去读更厚的书了。

　　在找不到这样的交流对象之时，通过社交网络进行交流也是一种方法。

　　发表了自己的读后感或观后感后，不要在意你发表文章的点击量或者评价，只是一个劲地发表就好了。这样就可以加快自己"输入→输出"的循环速度。

　　增加自己对知识累积的热情，你就有更多机会去对别人做出表达了。

总 结

① 对知识储备的投资是为了更高的表达能力

② 不要把知识储备作为最终目的

③ 通过不同的途径进行知识积累

④ 要把积累的知识表达给别人

安住绅一郎　**挑战和平时不一样的事情**　斋藤孝

安住绅一郎 ▼

　　人类会随着年龄增长而越来越害怕发生改变，兴趣也会慢慢固定下来，特别是男性。

　　我发觉自己也是这样，是有一天突然发现的：自己穿的西装基本都是同一种版型和颜色；去的洗衣店一直是同一家；一直在同一家点心店买下酒菜；一直在同一家咖啡厅谈工作，在那里点同一道意面；去同一家店的时候，甚至连座位都有固定的。

　　选择固定的事物，在某种层面上来说意味着"自己拥有了它"。这虽然很重要，但如果因为有了固定习惯就不把眼光往其他地方放的话，就会变得难以接受新鲜事物。有的时候要下定决心，把自己的习惯给改掉。

　　试着暗下决心"今天稍微冒险一把吧！""去一下没去过的餐厅，吃一些没点过的东西吧！"

　　如果习惯了阅读某种报纸，也会觉得"除了这个别的都没法读"。但是敢于去便利店或者车站的小卖部购买一份不同的报纸也是非常重要的。

　　说实在的，去读一份自己不习惯的报纸真的是一件很费力的事。当自己想看的内容并没有刊载在自己习惯的地方，会让人感觉非常恼火。

但是，阅读不一样的版面和内容，有时也会发现值得注意的点。

读书也是同一回事。如果只是一味地阅读同一类型的书籍的话，会造成自己知识的偏科。

我会定期抓住一个办公室的后辈，问他最近有没有看过什么有意思的书，然后去阅读他们介绍给我的书。这种方法，在看网络视频和阅读网络上的文章的时候也可以用。

经常看网上的视频和文章，检索算法就会根据你看的这些东西，给你推送它认为你感兴趣的文章和视频。这样一来，在你完全没有留意的时候，日常接触到的信息就已经产生了变化。

想要改变自己的时候，借朋友或者同事的手机一用也是一种方法。虽然可能会因为借手机产生各种各样的问题。有的时候想要让别人推荐视频给你，对话可能会比较尴尬，比如"看过这种类型的视频吗？""哇，看了的话写真偶像①的文章会推到我首页的吧"。所以不如一不做二不休和别人交换手机的sim卡，这样做基本能把你接受到的信息类型重置。

如果想要改变自己的一切的愿望非常强烈的话，不如把这种做法也纳入考虑之中。

---

① 写真偶像：以穿着暴露吸引阅读量的模特群体。

斋藤孝 ▼

就像安住说的一样，随着年龄增长，人会越来越害怕生活中的变化，渴求稳定与一成不变。

人会习惯一直吃同样的东西，看同样的电视节目和网上的视频频道。这样的心情我也是理解的，但是，对于人来说，这也是一种衰老的表现。

抑制一下想要通过一成不变获得安心感的心情，去挑战一下对于自己来说新鲜的事物，是让自己的心态长时间保持年轻的法宝。

有一些人会有这样的情况：本来想要尝试一些没吃过的东西，但是回过神来发现自己还是在自己一直去的那家店里。对于这样的人，不如先从避无可避的状况开始做出改变——一直去的定食店偶尔会休息，一直点的菜色缺货——当出现这种情况，不如挑战一下没有去过的店、没有点过的菜肴。

在避无可避的状况下做出这样的改变的话，或许就会有新的发现：偶然进的餐厅环境意外地不错；虽然是第一次点的东西，但是也挺好吃的。

当然，肯定也会有抽到下下签的情况，但就算如此，在聊天的时候也可以把这种经历当成段子讲给别人。这种全新的经验，不仅仅可以用来增加自己的情报储备，还可以拓宽眼界。

不仅限于吃饭这种事，在别的地方有意识地拓宽眼界也是非常重要的。

比如说，在上 YouTube 看视频的时候，会有推荐视频顶到你的首页上来，如果你点进这些推荐视频，侧边栏还会有更多的其他推荐视频，你就这么一直点下去，到最后就会出现你完全未知领域的视频。

一开始你看的视频是 J-Pop[①]，到最后却点进了演歌。有的时候用这种做法会让你发现宝藏，最后看到的视频会出乎意料地吸引你、出乎意料地有趣。也就是说，并不要想着甩开了膀子去挑战完全不同的东西，而是有意识地轻轻触摸和自己平时接触的不完全一样的事物。

还可以试着了解各领域比较权威的人的想法。去接受他们所推荐的东西，也是一种很好的思路。

跟着这些权威人士的想法去接触书本、音乐、电影和美术这些领域的作品，可以实际地收获全新的体验。

询问和自己喜好完全不同的人，让他们给自己推荐作品，也是拓宽自己世界的好方法。

---

① J-Pop：日本流行乐。

我曾经被人强烈推荐过一部电影,当我看了它之后,觉得并非那么合自己的胃口。的确,这个人给我推荐的电影中,我觉得没那么好的作品有很多。在他反复给我推荐了很多电影后,我意识到我们的口味差别实在是很大。

但是,多亏了有他,我才有机会看了很多自己绝对不会去看的电影。虽然每个人看电影的喜好不一样,但是意识到每个人的喜欢不一样这件事本身也是很重要的。

总 结

① 试着在不一样的餐厅吃一些不一样的东西吧

② 让朋友或者同事给你推荐一些书

③ 试着在无可奈何的情况下做出一些新的尝试

④ 接受各领域权威人士的想法

安住绅一郎　尝试接触流行的事物和
　　　　　　小众的爱好
　　　　　　　　　　　　　　　斋藤孝

安住绅一郎 ▼

虽然已经是老生常谈了，如果想要在闲聊的时候有话题可谈的话，最好每天都从多个方面接触最新消息，比如报纸、网络新闻、杂志等。情报源多多益善。

现在读报纸的人越来越少了。有些时候报纸上的报道反而没人听过，把这些报道的内容在闲谈中跟大家讲的话，有可能在场的所有人都是第一次听说。

所以不要把自己的情报源限定在狭窄的途径——比如网络——应该让自己拥有更多的情报来源。

小地方的报纸或广播电台等途径，可以让自己知道更多新鲜的事情，有时甚至可以以知道这些事情向别人炫耀。

获取信息时优先去查看流行的趋势，并且亲身去体验这些流行事物吧——比如时下流行的珍珠奶茶。

虽然这话可能会让大叔们不爱听，不过男性确实更容易有这样一种倾向：觉得跟风赶潮流的行为非常让人害臊。即便如此，也应该尽量不去把流行的东西当作愚蠢的事物，要试着积极地去接触它们。

流行的事物自然有它们流行的道理。而且通常情况下，喜

第三章 | 为了交流的知识储备

欢赶流行的人通常更受别人青睐，吸引到他们身边的人较之别人会多很多。

我听说过这样的事情：人在超过 30 岁以后就很难再接受新的音乐了。也就是说，人这一辈子都只会欣赏自己 10 岁、20 岁的时候爱听的音乐。

而事实上，就算是过了 30 岁，在听音乐这件事上，也是有接受新曲子的余地的。重要的是，要努力去用新的歌曲把这块余地填上。

在接触流行事物的同时，也要多多关注一下只被一小群人追捧的东西。

当你谈论自己的冷门爱好时，会让别人对你的印象更深刻。

在闲聊的时候，如果谈话谈到自己知道的东西，就是表现自己的好机会。说到底，就算只是谈论自己的兴趣爱好，本身也是会让自己非常愉快的。比如我的兴趣就有"古城迹""酱油酿造""大熊猫""合唱""赛艇的阿波胜哉选手""大井赛马场的藤本现晖骑手""横滨海滨之星"等。因为我非常喜欢听合唱，所以在 2019 年 7 月，NHK 电视台打破了电视台的局限，把我叫到了他们台的合唱节目去。NHK 教育台热衷于举办合唱节目的工作人员说，想要制作一档完全与众不同的节目，所以把从属于别的电视台的我叫了去。

谈论自己熟知的这些关于自己爱好的东西,就会有类似这样的好机会留给你。

顺便提一嘴,珍珠奶茶的热量非常之高,一定要注意别喝太多了。

斋藤孝 ▼

想当初，我们在和别人谈话时，通常都会通过问对方看没看昨天的电视节目挑起话头。但是现如今的电视台花里胡哨，电视节目也是琳琅满目，所以学生们在谈论的时候经常说不到一起去。不过，包括电视节目在内，从各种各样的媒介进行情报储备，是确实可以让闲聊的能力提升的。

我自己也在努力赶上流行的步伐。像是《你的名字》《波西米亚狂想曲》《王者天下》这些成为话题的热门电影，在它们上映后过不了多久我就会到电影院去观赏。就连《冰雪奇缘》这种我本身并没有多大兴趣的片子，我也会为了赶流行特别去到电影院看上一场。如果以饮食打比方的话，在珍珠奶茶大肆流行之前，我就已经喝过了。

和流行的步伐对接，会产生自己生活在当下的实感。除此之外，正因为流行事物是流行事物，接触过它们的人自然而然也更多，谈话自然也就更容易进行下去了。

偶像组合"岚"的粉丝俱乐部，入会会员大约有 290 万人之多。正是因为有如此之多的粉丝，只要对岚有一点点的了解，就可以轻松增加能和你聊得来的人的数量了。

在积累闲聊用的知识时，选择与流行事物相关的事情会让效率变得更高。

另一方面，不光要赶流行，注重一下少数人的兴趣爱好也是非常重要的事情。

爱慕之心在自己察觉到的瞬间，会一下子变强。正和爱情一样，在意识到了自己喜欢上做什么事情的瞬间，这种喜爱也会进一步加深。所以，找到自己真正喜欢的小众爱好这件事本身是最重要的。当感到自己深陷泥沼时，这种感觉就是真正喜欢上了。

我提倡大家把自己爱好的关键词都写在一张 A4 纸上，做出一张"爱好地图"。在写这样一张地图的时候，会越写越兴奋，产生"自己果然喜欢这件事"的实感，对自己爱好的喜爱也就会愈加深刻。

拥有一种小众的爱好，实际上可以让自己的心灵更加强大。

在追求自己喜欢的东西的瞬间，我们会产生极为强烈的积极的能量。因为有了强烈的喜欢的感觉，可以丰盈自己的生活，而进一步自我肯定。

不要问自己"我是否有价值"，这么问非常危险。比起这么问，不如问自己"这个世界有没有值得我生存的价值"。然后，把价值诉诸自己做的这份爱好地图。

这么做的话，就会产生"这个世界有值得我生存的价值"这一实感。所以，尽可能多地去积极寻找兴趣爱好是非常好的。

总　结

①
接触流行事物会让闲聊变得更容易

②
积累流行事物的情报可以让谈话能力上升

③
在谈话时谈及自己的兴趣会让别人对你的印象更加深刻

④
不局限情报来源，接触更多的情报途径

安住绅一郎

搭建属于自己的情报网

斋藤孝

安住绅一郎 ▼

有时，比起各种现代媒体上的信息情报，人与人之间口口相传的事情反而更有价值一些。或者说，现在这个时代，口口相传的情报才是每个人主要的信息来源。

虽然我算是朋友比较少的人，但我会时不时地和全国各地认识的人进行沟通交流。

如今的我，之所以能在电视媒体上占有一席之地，多少沾了那些经常给我讲有意思的故事的人们的光。

我个人情报网的组成十分复杂，比如安住绅一郎去过的小吃店的妈妈桑。一般来说，小吃店指的就是那种客人坐在吧台边的餐饮店，妈妈桑在吧台后面照顾所有的客人。

客人们大部分是男性，来这种店喝酒、吃小吃，用店里的点唱机唱卡拉 OK，有时候就这么消磨一晚上的时间。

我在去外地出差的时候，无论是在什么地方，总是会进到当地的小吃店，问妈妈桑她们平时听到的事情。

在问到的妈妈桑之中，我会和故事非常有趣、深得我心的妈妈桑交换电子邮件地址，和她们保持联络。说我是这些小吃店的常客也没问题吧。

第三章 | 为了交流的知识储备

在参加电视上的综合类节目时，有时会报道这样的新闻："××市严重暴雨预警，请附近的居民住户注意避难"。

JNN（JAPANNEWSNETWORK，日本新闻网）这样从属于TBS电视台的机构和时事通信社之类的新闻机构，也会发出类似"向数万人发出了避难预警，共有数十人到避难所避难"的消息。

但是，就算是看到了这样白纸黑字的报道，也确实很难设身处地地体会到到底是什么情况。

这里便是"安住绅一郎去过的小吃店的妈妈桑情报网"出马的时机。我会在看到消息后，立刻给在下雨的地方的妈妈桑发邮件进行联络："好久不见了。您那里雨好像下得非常大呢，能和我说说现在的情况吗？"

然后妈妈桑就会给我发大雨的现场照片，告诉我她今天没有开门营业，一五一十地把现况仔细跟我说明白。

也有的时候，在收到她们发来的照片以后我会再次打电话过去，从她们那里拿到照片的使用权，然后就这么直接在节目上用了。

这样取得第一手的现场情报，在做节目中会取得非常大的优势。

当今有一种说法：取得第一手现场情报的手段决定了媒体

117

的优劣。在社会已经发展为信息社会的当下，从熟人那里听到的信息反而是最好的。真是讽刺啊。

结果是小吃店的发票反而没法向电视台申请报销，更讽刺了。

斋藤孝 ▼

就像安住通过小吃店的妈妈桑收集情报那样，构建不同的人际关系可以让你知道一般媒介上看不到的故事，是非常有必要的。

对于我自身而言，最重要的情报网是我教过的大学毕业生们。因为他们毕业以后会在全国各地当老师，于是我就有了定期得知全国学校现状的机会。感觉好像是我向全国的学校里派出了服部半藏[①]一样（笑）。

曾经有一次，我听我的学生说在某个初中里，有个学生为了栽培蘑菇而把整间教室弄得到处都是水。像这样的趣闻，在书本或者杂志上肯定是不容易看到的。

因为我的毕业生并非全都做了老师，所以我只要参加他们的同学聚会，就可以收集到各种各样行业的情报。

坐出租车的时候，我会向司机师傅询问最近经济情况景不景气，还会问他们最近乘客们的情况。同时我还会向我毕业了在证券公司工作的学生询问行业的近况。这么一来，关于经济的现况我就可以多方面考虑。

---

① 服部半藏：战国时期有名的忍者，在各个城内收集敌人情报。

不管是过着怎样平凡生活的人，都有着各自不一样的人生，也就是说每个人都有只属于他自己的、别人不知道的情报。

就算同样是正在带孩子的妈妈，3岁孩子的妈妈和5岁孩子的妈妈培养孩子的方法也会完全不一样。

如果在收集情报时，把收集到的信息根据不同情况仔细分化，可以让自己对于状况的理解更加深入。

就算同样是带孩子，带小学三年级的孩子和带小学四年级的孩子也是完全不一样的。如果能意识到这一点的话，实际对待孩子的方法也会自然而然做出变化。

当然，就算是仍然在上学的学生，每个人也都有大量的贵重情报。

我在大学给学生上课的时候，点名时不光叫他们答到，还会让他们每个人都花几秒钟的时间报告一下自己的近况。

"我昨天理了发""我昨天看了这样一本书"之类的，不管是什么样的报告都是可以的。

若特别加上一句，"如果可以的话也可以说一说自己的个人隐私"，还会引出很多超乎预料的有趣故事。

比如说，有一个女学生说了这样的事。她在去医院看病的时候，医生给她把脉，问了她一句："你的家在哪儿？"还有另一个女生，在坐电车的时候，从背后幽幽传来一句："今天你比平时更早呢。"

像这样好像恐怖片里的段落一样的故事,学生们也会痛痛快快地说给大家听。让我感受到,学生们的日常生活中也会发生各种各样有趣的事啊。

某个男学生跟我报告说,他要参加拳击新人王大赛。然后第二周,他进入了半决赛,再下一周更是进入了决赛。到了最后,我竟然听到了他取得冠军的报告。

就这样让学生做最近情况的报告,学生之间的关系也会变得更加亲密。

如果不是我去督促他们做这样的近况报告,就听不到这样的故事。这些故事,我想会有很多人感兴趣吧。

总 结

① 世界上有很多情报只通过媒体是无法取得的

② 不管什么人都拥有着别人不知道的情报

③ 沉稳地去组织自己的情报网是非常重要的

④ 要收集很多人都感兴趣的故事

安住绅一郎

储备用得上的"金句"

斋藤孝

安住绅一郎 ▼

当去 KTV 唱歌的时候，经常可以在点歌机上看到"最受欢迎的歌曲排行"。

在 2019 年，最受欢迎的歌曲排行榜上，第一名是米津玄师的歌，第二名是爱缪的歌，不过从第三名开始，我们就会看到《残酷的天使纲领》《花水木》《荣光之桥》这些中老年人也听过的曲子。这些经久不衰的歌曲，即使到了现在也仍然受人喜爱。

和 KTV 的金曲榜一样，在说话时经常使用的"金句"中，也有"最近的流行语"和"被人们长期使用的熟语"这样的区别。

在演讲的发言之中，也有一些超越了时间、古往今来始终被使用的"金句"。比如"今后也请各位继续鞭策我""我说的这些话就代替开场白了"之类的。现在已经无从考证是谁最早发明的"鞭策"这种说法，不过毫无疑问地，这样的话为演讲工作带来了创新，引发了演讲语言的革命，成为日后的固定句式。

在广播电视界，也有使用频率较高的话语。

最近在看电视听广播的时候，经常可以听到"和大家共同度过的时间是我的财富"这句话。

当人们听到一句话并认可这种说法，就会在自己需要的时候使用它。

这么说来，我也算是一个发明过"金句"的人。我在每次《新闻播报员》节目的开头，都会说这样一句话作为开场白："现在是 × 月 × 日晚上 10 点，到《新闻播报员》节目的时间了。今晚也请陪伴我们到节目结束吧。"

"今晚也请陪伴我们到最后吧"这句话，现在被各种节目广泛使用了，不过最早是十多年前我开始使用的。

有一回我在别的节目里，亲耳听到了别的主持人使用了这句话，完全一致，一字不差。

我当然不觉得那位主持人知道这句话是我最早开始使用的。我能在别的节目里听到"今晚也请陪伴我们到最后吧"这句话，纯粹是因为它已经被业界认定成了固定句式，并且在各种节目中应用了。

在日常生活中，就要有收集"金句"的习惯，把世间广为流传的俗语和你觉得可能用得上的句子都记下来，根据不同场合去使用它们吧。

不管是电视还是广播、书本或是网络，只要你抱着这样的想法去寻找用得上的句子，就可以明确看到流行语的发展趋势。

斋藤孝 ▼

我有一个来自伊朗的熟人,他来日本以后只花了两个月的时间熟悉环境,就投入到工作中了。而且,他日语的熟练程度就好像天生就会似的。

他在来日之前甚至没有学习过日语,当我问他为什么日语说得这么流畅,是不是在伊朗学习过的时候,他回答道:"不,我完全没有学过。只是来了日本以后,把从日本电视节目上听到的日语重复使用罢了。"

他的回答让我愣了半晌。这样的人,我觉得在工作岗位上也会很好地学习前辈们的工作方法,一点一点地吸收经验,从而让自己的工资噌噌地涨。

果然,不管做什么事,好好地去模仿别人都是一条捷径。

如果想让自己说的话更加生动,不如去试着模仿让你觉得很有趣的"金句"。

当你知道了什么有趣的短语,不如立刻就在谈话时使用它。当在实际的对话中使用了一个短语后,它就会深深印在你的脑子里了。

比方说,在小组会议发言时,就可以使用你记住的"金句":

"您的提案乍看非常不错,但请容我面刺您之过"之类的。

对于一些比较普通的说法,在说的时候不如试着用玩笑点缀一下。

当事情变得一团糟的时候,可以说"让我的小命跟着这坨东西随风而去吧",高兴的时候可以说"简直想下去告诉我祖宗八辈"。

记住了大量的金句以后,会让遣词造句更加精准、正确。就好像在画画的时候,24色的蜡笔表现力强过12色的,48色的强过24色的。

在我的学生时代,有一位同学疯狂追捧胡塞尔的理论。他学习胡塞尔思想学习得过于深入,导致自己说话和写文章都很像胡塞尔本人了。

模仿自己喜欢的作家的口吻,也很不错吧。

总 结

① 储备古往今来的各种固定用法和流行语

② 记住一条"金句"以后马上就去使用它

③ 模仿自己喜欢的作家的口吻也是可以的

④ 不管做什么事,从模仿开始都是捷径

安住绅一郎　广播又重新成为新兴的
　　　　　　　　　媒体
　　　　　　　　　　　　　　　斋藤孝

安住绅一郎 ▼

可能现在的一些学生都不知道该怎么收听广播了吧。广播到底是一种什么样的媒体呢？

也许有人会觉得广播已经是一种完全过时的媒体了，但其实从广播平台发迹的主播出人意料地多。

我 2005 年开始播《安住绅一郎的周日天堂》，到现在已经 15 年了。这个节目开始的时间是周五的上午 10 点，我错过了婚期，全都要怪这档节目每个周末的安排。

周六的晚上我有《新闻播报员》节目的直播，节目直播结束的时间大概是晚上 11 点半。直播结束后，节目组要开大概 30 分钟的反省会，开完以后继续开其他各种节目的讨论会，等到这些讨论会结束大概就到深夜 1 点了。

凌晨 1 点，终于可以睡觉了……虽然确实想睡觉，但是凌晨 5 点的时候又要参加广播节目的讨论会。

听到这里，大家可能会觉得节目讨论会占的时间比重太大了，不过广播节目组的工作人员总共就只有 5 人，非常少，所以我自己需要对节目全局有很好的把控。

每周都要请一个嘉宾来进行对谈，对谈的时长要控制在

30 分钟左右，于是就要对谈话内容做一个缜密的计划。广播节目不像电视节目可以播放短片，全部节目内容的展开都需要通过对话来表现。

等到广播节目的讨论会终于结束，已经是早上 6 点了。从 6 点开始，我可以拥有两个小时的睡眠时间，睡到 8 点。有的时候我还会睡过头，导致自己完全没有时间进行节目前的准备，就直接进入节目的录制。

就算电视频道和广播频道同属于一家广播台，它们也是完全不同的媒体。同时经营着电视频道和广播频道的广播台，被称为"广电兼营"。在东京，进行广电兼营的广播台只有 NHK 和 TBS 两家。

收视率和收听率的计算其实十分复杂。有人看到收视率是 40%，就认为这个 40% 代表着 10 个人里有 4 个人看了，但其实并不是这么简单的。

尽管到目前为止，官方还没有公布过观众的具体人数，但在 2018 年，电视台似乎做了两天的数据采集。有 16.4% 的电视节目播放时间达到了 4 小时，而这些节目的观众总人数达到了 4202 万——真的是很夸张的数字呢。

因为真的是预料之外的大数字，就连在电视台工作的我们都大吃一惊，觉得"居然有这么多啊？！"而另一边的广播电台，《周日天堂》的听众数量大概是 80 万人。这并不是官方调查结果，是我个人推测的数据。

广播节目不但规模小，而且不同的节目会有针对性地面向不同的群体，在聚集听众的能力上也与电视节目有所不同。

一言以蔽之，在电视节目中，我们说的话通常会被观众当作对影像的补足，但广播节目只能通过说话来完成节目，所以节目中话语的质量是更高的，可以只通过说话来讲述相当难以描述的事情。

当我收到听众的邮件和信件的时候，这种想法就更加强烈了。他们的信里不光流露出对我节目中讲的事情的全盘理解，还会对我节目中叙述部分的不足提出建议："那个部分，是不是再深入说一下比较好呢？"

广播节目中，我基本不会被听众误解。他们的信件内容都很专业，就好像都是我的同行给我寄来的感想一样。

现如今，我做一期广播节目，大概能收到1500封来信。这些来信是绝对无法通过网络得到的重要财富。

因为大家行走于网络的时候，都蒙着一层面纱，谁也不知道网上的对手实际是什么人，所以说，网络是鱼龙混杂的地方。而寄到广播电台的信件上都会写着住址、名字、年龄等内容，看到就会让人产生信赖感。

如今的日本，广播可能是最尖端的：不用担心虚假新闻，准备的内容面向从小学生到老人的所有大众,是有良心的媒体。

从广播中获得的情报,说是我自己的生命线也不为过。

斋藤孝 ▼

安住在一次广播节目中给我留下了很深的印象。那是2018年5月,他在节目中谈论到了自己的后辈播音员们。

一开始他说了在广播电台里曾和自己关系闹僵的田中美奈实小姐的事。他和田中小姐很久没有说话,但是因为一块煎饼,两个人有了久违的对话契机,是个十分搞笑的故事。说完这件搞笑的事,他话锋一转,开始谈论2008年自杀的川田亚子小姐的事情。安住在广播里开始呜咽,声音颤抖着号哭了起来。

我们在电视上经常可以看到因为感动而落泪的艺人们。但是安住在节目里说的事情是和亡故的后辈主播之间的交流经历,是只属于他自己的私人回忆。这不禁让人觉得几乎没有人会在电视上谈论这种事,更别提因为谈论这种事而产生感情的爆发了。广播真是一种强而有力的媒体啊。

我觉得安住谈论故人的这种行为,其实可以算是一种对川田小姐的追思。

包括我在内,听到安住声泪俱下的听众,都会想起曾经有川田亚子这样一位主播存在过。所以我觉得安住的这一番话,是为了让世人一同悼念川田小姐。

把自己的内心世界表达出来，才能让别人更进一步了解你。

在不管做什么事情都要事前想清后果的当今时代，这其实是非常困难的一件事情。

我希望每一个年轻人都能学习这样的做法：鼓起勇气谈论自己内心更深处的东西，同时又不会伤害到任何人。

总 结

① 通过广播节目可以得知很多网络上都没有的信息

② 表达自己的内心世界，让别人进一步了解你

③ 绝对不要在说话时中伤别人

④ 从广播节目的听众来信中可以了解很多事情

问：想不起来专有名词时如何应对？
答：把重要的词语记在纸上。

> 安住主播

　　随着年龄增长，我们的大脑会越来越记不住专有名词。特别是高度紧张的时候，甚至会连人名都想不起来。

　　当参加别人的结婚典礼时，新郎和新娘的名字是绝对不能搞错的。但越是这种时候，大脑越是容易忘事。

　　想要回避掉说错对方名字的状况，我推荐一种原始的方法：把对方的名字大大地写在白纸上。

　　我在做别人结婚典礼的主持人时，就会把新郎和新娘的名字写在一张纸上。对于我来说，只做这样的准备就很充分了。

　　还有一个方法，对于作为主播的我们来说是下下策，说它是最终手段也不为过：在自己的手心把要记住的人名写下来，好像小学生发言那样。

　　把人名写在手掌心，在发言的时候尽量不去打开它。不过三年前，我用这招也曾经失败过。

　　我在做"日本唱片大奖"的主持人时，突然把某位歌手的名字忘了个一干二净。

我记人是靠他们的衣服来记的，恰好这位歌手在登台前换了一身衣服，所以我一下子就不知道他的名字是什么了。

到了请对方上台的时候了，我在请对方上台时偷偷看了手心里的字，做了个邀请的手势，说道："接下来有请××为我们上台献唱。"在我做邀请的手势时，手稍微向舞台中央伸了伸。

正是这个时候，我微微张开的手好巧不巧地被直播的摄像机拍到了，于是手心里的人名也就这么上了电视直播。

这段录像被人发到了 YouTube 上，随后被删除。到底是哪个家伙发的啊！我真的是不想经历第二次了。

斋藤老师

和别人不期而遇的时候经常会有想不起对方名字的情况发生吧？这种时候不如想一想：知道对方的名字是理所应当的事情，所以在谈话中不出现对方的名字也很正常。和对方聊着聊着，聊了很多关于你们两个人之间的事情后，有可能你突然就想起来了对方叫什么。也有一种情况，是很多人在一起说话。当你发现别人记不起某个专有名词的时候，可以亲切而又漫不经心地在对话里提出它，这样别人就可以想起来了。

在这种时候，不论如何都不要表现出"我知道我来告诉你"的感觉，好像是别人欠了你什么一样。

方法拓展 ▼

在结婚典礼现场的工作人员，如果察觉到主持人把新郎和新娘的名字忘得一干二净了，会假装去给主持人送水，并且在杯垫上写上新郎、新娘的名字，如此一来就可以提醒主持人了。专业人士在工作中还真是有一套啊。

问：怎样说话才能显得自己很聪明？

答：为谈话做准备时做到准备过头的程度。

> 安住主播

当我们看优秀的魔术师进行表演时，会对他们花哨的手上功夫赞叹不已。

其实魔术师台上的表演之所以令人赞叹，离不开他们上台之前的大量准备。当观众知道了魔术师上台前的准备有多么繁琐，就会转向于赞叹他们上台前的这些活动。

我从前在电视台看过一次魔术表演的录制，让我有幸得知了这项魔术背后的奥秘。

魔术师有时会表演使用报纸的魔术，在他们表演开始前六小时左右，他们会把当天的早报每样都买一份。接下来他们要将这些早报全部通读一遍，连每版中间的公告声明都不能放过。读完了以后，他们就对每份报纸里有什么样的文章有一个大致的把握，从而判断把魔术中用到的扑克牌藏在什么地方最合适。

这样的魔术其实和精巧的话术拥有同样的构造。如同收获赞叹的魔术师一样，在婚礼上发言很精彩的人，同样会被人投以羡慕的目光。

发言精彩的人，肯定在发言前做过了练习。而且大多数这样的人都会为了发言进行充分的准备。

毫无准备就进入实际发言还能说得很好的人，只有极少一部分天才。

我在发言前也是一定要进行练习的。有时会出现一些突如其来的工作，如果我感觉到自己日程上可能会突然多出来这样的工作，我一定是要对它进行准备的。

当然也有的时候感觉就仅仅停留于感觉。工作实际上没有来却做了准备的话，会轻轻感叹一句"就这样吧"，打开一罐啤酒放松下来。就好像没出过勤就迎来退伍的消防员的心情一样。

斋藤老师

一个人的遣词造句可以展现出他的才智。

如果想要通过说话来显得聪明，不如先从提升自己的语文能力做起。换句话说，多读书是最为有效的手段。

就算是小学生，读书多的孩子也会说出比较难的成语，比如"这样不是自相矛盾了吗"。

文学作品更是语言的宝库了。比如说在读者阅读三岛由纪夫写的《金阁寺》之类的书目时，真的会感叹他在字里行间流露出的文学水平。

之所以安住能在主播行业中拥有如此高人气，也有可能因为他主修的专业是文学吧。

文学的感性在与人交流时的影响真的是积极的。正因为如此，当大家找到喜欢的作家时，不如把他们笔下的语言使用在日常对话中，以此来磨砺自己的文学修养。

第四章

沉迷于语言的乐趣

安住绅一郎　我为被称为"国语学科狂人"而骄傲的理由　斋藤孝

安住绅一郎 ▼

最近我经常听到别人这么说："明明一开始我想做其他职业，到最后却成为了学校老师。"

这种话在真心想要成为学校老师的人听来，其实是会有一丝不爽的。

就好像"哎呀朋友帮我报名了模特选拔，我本来不想去，结果一不小心就合格了"这样的话，让人感觉你们有一点不劳而获。

我也经常被这么说。"你说的这个经历算什么嘛。""那你去当老师不就好了吗？""肯定是因为当电视主播更有得赚呗。"

虽然听起来可能像是在给自己开脱一样，不过我在明大上斋藤老师的教职课程时，是真的全心全意想成为初中或者高中的语文老师的。

不过非常不凑巧，那个时期日本正处于就职冰河期。

现在的日本，全国每年新入学的儿童人数大约是 120 万，不过作为第二团块世代①出生的我们,当时每年入学的孩子多极了,全国一年可以达到 210 万之多。当时不管是参加社团活动还是参加考试,竞争都是极其激烈的。

众多的人数再加上战后时代提升了很多的大学录取率,想要念完大学再投入工作的学生数量大幅增加。雪上加霜的是,日本这时正处于经济的最低谷。

就好像这些还不够要命似的,我想要成为教师的时期,全国的初、高中生数量急剧锐减,教师的岗位也就不再缺人了。

总结一下,就是说基本没有任何一所学校还在招聘新的老师了。

大家觉得我在接受教职课程培训的时期,东京都内的公立中学总共招聘了多少国语老师呢?

是不是觉得应该有 200 人,不,100 人……最少也应该有 50 人左右呢?但残酷的现实是,当时全东京只招聘了两个国语老师。

那个时期,东京都内总共有九百来所大大小小的中学,但是这些学校加起来,总共只有两人份的岗位。

---

① 第二团块世代:团块世代,指日本因"二战"战败,人口极度匮乏而出现的第一代婴儿潮;第二团块世代指第一代婴儿潮的人们长大成人结婚生子形成的第二次婴儿潮。词源为堺屋太一的小说《团块的时代》。

第四章 | 沉迷于语言的乐趣

简而言之，我毕业的那年，无论哪里都几乎不需要招聘新的老师了。在这种严峻的现实面前，我放弃了成为一名教师的追求。

现如今，当我因为电视台工作需求到学校出外景时，经常会听到学校的人说"我们这里很缺安住这个年龄的教师，有很多麻烦的事情"。

对于我而言，我觉得教育界当年那么顽冥不化地拒绝招聘新的老师，出现断代问题是再正常不过的了。我觉得我憎恶当年的从政人员也是无可厚非的，不过想要这种情况不出现的话就不能有战后的那次婴儿潮，想要婴儿潮不出现的话就不能有那场战争，所以我转而憎恨起那场战争。

说了这么多，我想说的是，对于我而言，和我同龄的人大学一毕业就当了学校老师的，对于我来说简直是神一样的存在。对于这些在严冬环境下披荆斩棘竞争到学校岗位的人，我只能对他们由衷感叹一句"太出色了"。

当我和这样的人碰面时，我会想"这个人就是越过了重重考验当上了学校老师的人"，因而经常对他们肃然起敬（笑）。

我之所以对于"国语学科狂人"这个称号感到自豪，就是因为我虽然想要成为国语老师，却没能成功。

之所以退而求其次选择了电视主播这个职业，就是因为在这个行业同样可以抱持着对国语的热情，像当老师一样将国语精通到极致。

在这一章里，我想向大家展示我对国语研究的成果。

斋藤老师 ▼

当我们在书店拿到了一本医学专业或工学专业的书,我们可以看到,不管是多么专业的知识,都是要用国语去对它们进行说明的。

国家发达的一个明显标志就是,这个国家的国民可以用自己的母语去学习最尖端的学问。当然在世界上也有国家在高等教育阶段只使用英语。

当想到那些曾经维护国语和发展国语的先人们的艰苦时,我就感觉胸口发热,能够感受到国语的深奥。听到安住自称"国语学科狂人",我真是由衷地欣慰。

国语真的是非常重要的学科。数学家藤原正彦老师曾经说过这么一句话:第一位是国语,第二位也是国语,没有第三位和第四位,第五位才是四则运算。正因为国语是联结情绪的纽带,所以对于修身养性而言是必不可少的学科。

然而讨厌学国语的人也绝对不在少数。他们讨厌国语课里那些看不懂的议论文。

确实,在大学的考试中作为题目出现的一些议论文,让人读起来觉得很难、很不舒服,给人一种刻意不好好说话的感觉,很难不让人怀疑作者是不是只是单纯想炫技。

不过，在东京大学的入学考试中，同样有着很多很难的文章。这些文章之所以难，不是因为作者故意表现文采，而是因为探讨的主题深奥。我认为这样的文章才是好文章，它们传达了一个更高层次的思想。

所以说，那些不喜欢学习国语的人，其实只是想要接触更好文章的人。

打个比方吧。我会让大学一年级的学生读笛卡尔的《谈谈方法》、尼采的《查拉图斯特拉如是说》以及陀思妥耶夫斯基的《罪与罚》。不管是哪一部，只要潜心阅读了，一定会觉得是非常好的文章。

如果这些书对于大家来说门槛过高的话，去读一读福泽谕吉的书也是很不错的。

福泽谕吉的文章，内容简单明快，读起来非常简单。《劝学篇》的第一篇只有短短不到 20 页，却把福泽谕吉自己的所有观点都融进去了，仅仅是阅读这一点内容也会产生读书的感动。

如果一直去阅读这样的文章的话，想必谁都能注意到国语的有趣之处吧。

总 结

▽
▽
▽

①
国语是先人艰苦努力的结晶

②
第一位是国语,第二位也是国语,没有第三位和第四位,第五位才是四则运算

③
阅读好文章,让自己变得喜欢国语

④
阅读一下福泽谕吉的《劝学篇》第一篇试试看

安住绅一郎 平衡传统语言、现代语言
和外语的使用　　斋藤孝

安住绅一郎 ▼

现在，试着把 1—10 写在纸上看一看吧。

1，2，3，4，5，6，7，8，9，10。

有注意到什么事情吗？

不管是哪一个数字，都可以写成很多不一样的形式。比如1，就可以写成阿拉伯数字的"1"，还有汉字里大写的"壹"，或者小写的"一"这几种。

"壹"和"一"都是汉字，也就是从古至今一直都在使用的语言，与之相对的，"1"是阿拉伯数字，是外来的东西。

在外来语传入亚洲之前，人们使用的计数方法都是用汉字表示具体数值。从 13 世纪到 14 世纪，数学大国印度起源的阿拉伯数字慢慢传入东亚。

当时的东亚并没有受到太多阿拉伯数字的影响。恐怕当时使用阿拉伯数字的人，就和现如今在生活中使用英语的人一样吧。

于是，我在想，当年会不会是这样一种情况呢？

"肆万叁仟伍佰陆拾……"

"嗯?现在我们的数字写起来还这么麻烦吗?"

"嗯,因为之前改成大写的数字了,怎么了?"

"不不不,就算是小写的也要好几笔才代表一位数吧?阿拉伯数字明显更方便一点吧。"

"啊……但是写起来跟蚯蚓爬一样啊,我还是继续写我的汉字就好了。"

实际上是否真的有过这样的对话当然已经无从考证了,不过当时是不是每天都有更多的人图方便去使用阿拉伯数字,从而一步一步使其大众化了呢?我觉得很有可能。

接下来,请大家一起从 10 到 1 倒着数一下。

10、9、8、7、6、5、4、3、2、1。

然后再用英语,倒着数一下。

ten、nine、eight、seven、six、five、four、three、two、one。

发现了什么没有?没错,使用我们的母语倒数下来会比用英语顺溜很多。这是为什么呢?

如果我们是正着数数的话,用英语也不会慢多少。但是大脑处理倒数的信息时,会变得更加慎重。就像我们大家都学过的英文字母表一样，正着念"ABCDEF"是非常容易的，但是倒过来想"ZYXWVU"就会变得非常困难。

在倒着读东西的时候，由于我们的身体没有肌肉记忆，只能靠大脑从记忆里一样一样去筛选。但正因为我们日常生活中使用的是母语，所以在倒数的时候用母语也不会产生拖慢的现象。

我这个"语言宅"的推理怎么样啊？

数字中有一个比较特殊的，就是"零"。零这个字在汉语里很早就有，不过它最早的意思是"很少"，而不是"没有"。随着阿拉伯数字的慢慢渗透，汉字里才出现了"○"这个较为古怪的简写字，以及赋予了"零"这个字"没有"的含义。

所以在日语中同样没有"零"这个字的读音。日语中读"零"，要么会发汉语的读音，要么会直接读成"zero（英语的零）"。

顺便一提，在日本电视台上，对于零字的处理是比较保守的。NHK电视台和TBS电视台，都会把0读成零，而非zero。注意一下电视购物中对于电话号码的处理：比如"0120-×××-×××"这样一组电话，主持人在念的时候就会读成"零、一、二、零"而非"zero、一、二、zero"。如果把0读成了"zero"，就会收到观众的投诉，质问你明明是日本的主持人，为什么要在节目里使用英语。

所以新人主播在接受培训的时候，基本每个人都会因为把 0 念成 zero 而遭到指导员的训斥。因为会被提醒成千上万次不要把 0 读成 zero，基本上所有日本电视台播音员都有"zero 恐惧症"。

正因为如此，我们在读电影标题 *Star Wars Episode 0* 时，会读成"Star Wars Episode 零"。

扯远了，言归正传。

我们在平时说话的时候，会混杂传统语言、现代语言和外来语。在世界范围里，这样的情况其实是很少见的。

随着时代的发展，我们在语言中加入的外来语会越来越多，这是源自我们长年以来对令人舒服的说话方式的追求。

在说话的时候，要注意语言间每部分的比例。

现在有很多人会优先选择用外来语代替母语，其次会使用现代语言，传统语言的使用是最少的。

所以在说话时，不如有意识地去增加传统语言的使用，这样你的发言带给别人的整体印象就会有大变化。

曾经有一个形容词叫"弱柳扶风"。

在《万叶集》创作的年代，这个词非常流行，然后被世间遗忘了几年后，被歌人与谢野晶子再次发掘，使用于创作之中，从而在明治时代又重见天日了一阵。不过现在，这个词已经是风中残烛，没什么人记得了。

不过 2005 年的时候，有一部游戏发售了，游戏的名字就叫《在这个弱柳扶风的世界尽头》。这样的词在游戏的标题里用到，可以说是奇迹一样地复活了。

语言就是这样。如果没有任何人去使用的话就会消亡，有人用的话就会常葆青春。

"弱柳扶风"的意思是美丽而弱小。我们在对话中是不是用得到呢……

斋藤孝 ▼

好好平衡说话时传统语言、现代语言和外语这三部分的比例,可以让语言的表现力更加丰满。

比如说,在一些公司的会议中,会使用"marketing"的说法,把它翻译过来就是"市场动向""销售策略"等意思的总和,现如今只需要一个"marketing"就可以代表一切了,非常简略。

适度使用外语会让交流简化很多,所以在需要的时候不妨尽量使用。

不过如果一直只会连着说英语词汇,就会让人对你产生一些意见了。"让我们对这个 task 的 priority 来一场 brainstorm"这样的遣词造句,不仅会让人觉得你是在装,还让你跟个江湖骗子似的。

所以,在这里就应该换个说法:"让我们对项目的优先级来一场 brainstorm 吧。"只去说很难用国语表达含义的英语单词就足够了。

作为拓展,试着把传统语言、现代语言和外语组合在一起试试吧。过去已经有相当多的人这么做过了,是很有趣的哦。

打个比方,活跃于明治时期的翻译家和剧作家坪内逍遥翻译过很多莎翁的作品。去看看他翻译的这些东西，可以看到他的翻译中，留下了很多西方色彩的说法，比如船长不叫船长，叫作 captain。

像《猿飞佐助》这样的故事书里，也有很多这样的写法："佐助悄然出现"。在这里，作者把"悄然"二字上面注释了"安静"，即是说写作"悄然"，读作"安静"。在三游亭圆朝的《牡丹灯笼》中也有这样的处理：写作"杂饰"，读作"刀鞘"。幸田露伴的《五重塔》里也有很多这样的自由发挥：写作"色鬼"读作"愚人"、写作"外表"读作"皮囊"、写作"选择"读作"决断"、写作"过去"读作"往昔"，等等。

看看这些过去的书籍，可以发现过去的作家们在使用语言上真的是自由至极。

童谣中也有这样的情况。写作"命运"却读作"定数"，这个读法直到现在都还是在使用的，这也是传统语言和当代语言进行结合的一个例子。

总 结

① 注意传统语言和现代语言相结合

② 注意不要在发言里说太多外语

③ 合理组合传统语言、现代语言和外语，让语言的表现力更丰满

安住绅一郎

注意语言上的细微差别

斋藤孝

安住绅一郎 ▼

在说话时,要注意语言中不同的发音和口型位置。

比如说"这不是樱花吗"这短短 6 个字,就有许多种不一样的念法[①]。

首先,根据"吗"字的平仄不同,就可以发展出两种不同的意思——询问"这难道不是樱花吗"的反问句和确认"这就是樱花"的感叹句。

其次,这句话里还有多音字:"这"字可以读成 zhè 的音或是 zhèi 的音两种。

加上这两点,"是"的读音还有口腔内紧绷的"sh"和松弛的"r"两种。

以 zh、ch、sh 作为声母发音的字,都会有这样的情况。

当我们说"吃拉面去吧"的时候,这个 ch 就会咬字咬得比较死。而当说法变成"去吃拉面吧"的话,口腔内多少会有一点松弛,ch 听起来就会有一点像 r 了。

像这样在句首使用这 3 个声母和在别的字后使用这 3 个声

[①] 不一样的念法:此处的语言环境为中文语境。

母时的区别是需要我们说出来的,如果把两种使用方法互换,听起来就会非常奇怪。

就算听不懂也没关系,只要能体会一下就好了。

还要跟大家介绍另一个例子,就是"嗯"这个字在实际使用中,发音会根据不同情况产生微妙的区别。

说到底,大家知道"嗯"这个字有多少种读音吗?其实并不是只有一种的。令人惊讶的是,每一年这个字的读音种类都在变多。

就好像大家经常能看到这样的新闻:质数的最大值又一次更新了。和这种新闻一样,我这里经常收到这样的报告:"又发现了最新的'嗯'的发音,这已经是第 16 种了。"

首先,"嗯"的发音有这么有名的 3 种:

嘴巴从张开到闭合的"嗯";

嘴巴始终闭着的"嗯";

嘴巴始终张开的"嗯"。

请大家实际发出声音试试吧,对于这 3 种发音的区别很容易就能感受到了。

嘴巴从张开到闭合的"嗯",一般使用在我们对别人做出保证时,给人以信赖感;闭着嘴的"嗯"则是随口答应别人的招呼;张开嘴的"嗯"会传达出一种你正在思考的信号。

不管是谁，都会在下意识里使用这 3 种不同的"嗯"。

我仔细想了一下，加上这 3 种，"嗯"的主要发音有 8 种之多，可能随着语言的发展还会有更多不同的变化，我觉得从今往后，还可以有很多的新发现。

我知道刚刚说的这些东西可能对大部分人来说都派不上用场，不过这样关于语言的琐碎小事，是我最喜欢的东西。

斋藤孝 ▼

我记得安住在上大学的时候就很喜欢研究各种文字的读音。确实,从那个时候就能看到一些他日后国语狂人的影子了。

有一位语言学家,叫作弗迪南·德·索绪尔。他认为语言是由于差别才存在的体系。

简单来说,单单一个词语是无法具有它自己的特殊含义的,而要通过它和其他词语的异化及区别才能体现它自己的意义。

换句话说,你对每个词语之间的差异了解越深入,你就越熟悉它们,进而可以磨练自己的语感。

在知道了这件事之后,我开始觉得了解语言中的不同方言也是很重要的。

去观察全国各地的方言,会发现即使说的是同一件事,遣词造句也会完全不一样,非常有意思。

我在 NHK 教育频道的幼儿节目《用日语一起玩》[①]里,让来自全国各地的人用自家的方言朗读宫泽贤治的《不输给风雨》。

---

① 《用日语一起玩》:NHK 电视台教育频道一档语言类儿童节目。

贤治的诗是用岩手县的方言写的，但如果让关西人朗读的话他们就会用关西腔，让冲绳的人朗读就会用冲绳话。我在听各位朗诵的过程中，实实在在感受到了不同方言带来的不同气氛，每种方言都拥有着自己独特的生命力。

方言会传达出滋生它的土地的独特风味。比如电影《无仁义之战》，表面看上去它的主角是广能昌三（菅原文太[①]饰），但这部电影实际上的主角是广岛方言。如果这部电影把对白都从广岛方言改成普通话，就会丧失剧情的魄力，让它变成一部普通的电影。

我个人一直痴迷于收集不同方言版本的名著，比如操着大阪腔的苏格拉底，还有津轻方言版本的《奔跑吧梅洛斯》，这些书看着很有趣。

还有一本书，叫作《无仁义的基督教史》，它把基督教的历史比作黑道的纷争，用广岛方言写成，是一本非常新颖的书。

我非常推荐大家通过这样的书来了解方言的魅力。

[①] 菅原文太：出演电影《无仁义之战》的主角广能昌三一角的演员。——原书注。

总 结

①
在说话时,要注意语言中不同的发音

②
对每个词语之间的差异了解越深入越能磨练自己的语感

③
学习方言可以让语言学习变得更有趣

问：当对方不注意听自己讲话时怎么做？
答：用动作或声音控制局面。

> 安住主播

当没有办法准确向谈话对象传达意图的时候，怎么才能让对方对你侧耳倾听呢？能否对场面局势进行控制，是能否达到目的的关键所在。在差生很多的班级上课的老师，明明自己在讲台上滔滔不绝，周围却充满了嘈杂的喧闹，而且喧闹的内容和自己讲述的内容毫无关系——如果老师没有办法控制住班里的局面，很有可能会引发这样的后果。

通常能做出很好发言的人，除了有精彩的谈话内容，通常还有穿着光鲜、衣装得体、动作自信、声音洪亮等引人注目的特点。

就像啦啦队的队长一样，从登台开始，快步跳到场地中央，随着音乐响起动作也跟着麻利起来，从而控制住场面。体育比赛中大声声援的队长也是，会漂亮地压制住局面。

小学老师想要控制住喧闹的班级，只需要缓缓地开口讲话，静静地把双手交叉在胸前，就可以起到很好的威慑力，让大家停止喧哗。

当场面受到自己控制的时候，自己说的话就会更容易被对方接受。

在参加面试等场合，如果想要给对方留下深刻印象，优先控制局面会是很好的一招。

斋藤老师

如果想要对方用心听你的发言，在话语中提及对方在意的事情是最有效的。

不管是谁，都想要听关于自己的事情。所以如果你谈论的话题和对方有关的话，对方就会认真倾听你的发言了。

想要精准触及对方在意的事情，拥有宽阔的知识面是少不了的。要从对方的年龄、性别、职业和谈论的内容当中，选择对方可能会感兴趣的话题。

如果你有一个话题命中了对方的红心，就可以一股脑儿引出很多别的话题了。优秀的艺人们都是很会察言观色的。当他们发现自己提到的内容无法打动对方时，就会在合适的时候把话头切换到别的主题去。当一个人常年去进行这样尝试→失败→尝试的循环，就可以拥有这种察言观色的能力了。

问：如何圆滑地拒绝别人的提议？

答：提出替代的方案。

> **安住主播**

  有一句老话，叫"说谎有时也是一种权宜之计"（为了让事物进展更加顺利，有时谎言也是必须的）。正如这句话说的一样，如果想要拒绝什么的话，有时也需要撒一点小谎。

  总而言之还是要记住，撒谎也不能伤害对方。

  比如说，有人邀请你一起去喝酒，而你并不想去。怎么拒绝呢？首先要告诉对方你很感谢对方的邀请："能记得邀我一起喝酒，我很开心"，在此之上再说拒绝的话。拒绝的时候也不要太过生硬，要告诉对方一个可以接受的理由，比如"今天我有事出远门了所以去不成了"这种确实不可能去喝酒的情况，想必对方也是会理解的。

  如果想要拒绝工作当中别人的提案，聪明的方式是提出一个替代的方案。

  比如说，当电视台节目制作人诚恳地邀请我出演电视台的新节目，但我自己觉得我不合适参与这档节目。在这种时候，我会回复对方很长一段话："非常抱歉，我参考了一下我的日程表，这次的节目实在是没法抽身参加。如果下次还有类似机会的话，请您务必联系我。我看了节目的策划书，我觉得 A 和 B 是不是都很适合这档节目呢？如果您需要联系 A 和 B，我可以帮助您，请您不要有任何顾虑尽管吩咐吧。"显得诚心诚意，把能够传达的心意都传达到了。

像这样对策划书参透了，并且能够提出备选的方案，我觉得是最圆滑的拒绝手段。

斋藤老师

我曾经接下过安住没有接手的综合类节目，他们让我去当主持人。我实在是没有想到有一天我会捡自己学生的漏。因为是一大早播出的节目，所以我得在凌晨 4 点半左右就到电视台。这档节目对每天夜里 3 点来钟才睡觉的我来说，实在是一个不小的挑战。

如果是你向别人提出邀请，就要给自己留有一点能够谈判的余地，而不是简单地问对方接受或不接受。

用表白的场景打个比方。如果你突然询问异性"和我在一起可以吗"，会有相当高的可能性被对方直接回绝掉。但如果你问对方的是"我知道一家很好吃的餐厅，请你去吃个饭可以吗",也许对方会想着吃个饭而已,没什么,就答应你了。

顺着这个思路,去收获更多的邀请吧。

方法拓展 ▼

听说有的大型出版社为了拿到著名作家的作品,会聘请一个专门的员工给这些作家写信。我(安住)也接到过很多次出版社的写作邀请,如果寄来的信件文笔优秀的话,看了真的会很感动。看了这样的信件会很舒服,从内而外地产生提笔的动力,在写累了的时候去重新阅读一遍,嘴角还会扬起微笑。在拒绝这种真诚的邀请时,最好还是诚恳地实话实说。

问:想要控制场面氛围时怎么做?
答:照顾一下不怎么发言的人。

安住主播

在参加聚会或者联谊的时候,如果总共有五个人参与却只有四个人相谈甚欢,那么那一个无法参与话题的人的尴尬就会转变成在场的所有人的尴尬。

和这种情况如出一辙,当一个团体内只有一部分人比较活跃的话,得不到发言机会的人就会产生不满。当这种不满充满了整个空间,所有人的心情都会受到很大影响。

为了预防这种情况的出现,小团体中调节气氛的人有义务去引领这些不发言的人说话。

我在做综合类节目的主持人时,会注意平衡受邀的所有评论嘉宾的发言次数,保证每个人都不比别人少。

如果我注意了还是没有办法让每个人的发言机会均等,我会在两段拍摄中休息的短暂时间询问没怎么发过言的嘉宾的感想,然后在继续拍摄的过程中自然地带出他们的想法。

或者是在其他嘉宾发表评论的时候,目光朝着没有发言的嘉宾那里看去,也可以照顾到他们的情绪。

这些技巧不仅可以使用在电视节目中，在开会和议论中也是很有用的手段。稍微端正一下自己的心态，试着去引领场上的气氛，就可以改善每个人的心情。

> **斋藤老师**

因为我自己也经常被邀请做综合类节目的嘉宾，所以我对安住说的这种每个人发言机会不均等的情况感同身受。

明明大家都在同一个场地，明明大家肩负的职责都是一样的，发言量却相差很大，那么在场的气氛就会变得微妙。

当我们仔细看电视节目的时候就会发现：主持人在第一时间注意到气氛开始变得微妙之后，会立刻去照顾发言次数少的嘉宾。我在看电视节目时经常会想"我和安住同时注意到了气氛的变化呢"。

能够注意到气氛的变化并对其加以控制绝非是每个人都能做到的事情。不过我希望有这方面才能的人，都能像安住君那样察言观色。

第五章

为了愉快说话的
　　　心态管理

安住绅一郎

跨越曾经的失败

斋藤孝

第五章 | 为了愉快说话的心态管理

安住绅一郎 ▼

无论是谁,只要立身于此世,就一定会面对各种各样的困难。人的一生中不会只有考试成功、找到理想的工作、觅得结婚伴侣这些正面的事件,大部分的时候,我们更要直面一些不愉快的事情:受到上司的职权骚扰、接到客人不留情面的投诉、婚后生活不如意、被子女疏远……不论是谁,都需要直面这些大大小小的困难。

我经常觉得,我经历的人生路线,把我变成家里蹲或者第欧根尼综合征①患者也并不奇怪。

生活就像是纸牌搭成的房子一样,只要有一个支点倒下,整个整体就会轰然倒塌。我们真的是生活在一个很厉害的时代呢。

有很多人,会因为某个小小的失败而对人生产生怀疑,甚至想要逃离这个社会。我非常理解他们的心情,因为我们生存的这个世界,实在是有点不讲道理。

我自己的情况是这样的:被各种各样的人说各种各样的坏

---

① 第欧根尼综合征:一种精神病,又名肮脏混乱综合征或众议院综合征。症状特点为:生活脏乱,极度自卑,有强迫性的囤积行为,有强烈的隐居欲望,拒绝他人帮助。

话是家常便饭，也经常刺痛我的心。当我感到受伤的时候，就会跑去吃炸猪排咖喱饭来安慰自己。

虽然平时会注意中年发福的问题而不去吃太多的碳水化合物，不过当我实在忍受不了外界刺激时，就会不管三七二十一跑去吃炸猪排咖喱。

不断地向自己说"我已经吃了炸猪排咖喱所以没事了""炸猪排咖喱都吃完了赶快恢复精神吧"这些话，当然也有自我暗示的成分在里面，不过无论如何是能让自己扛过去的。

不过，如果你的失败确实是因为自己的过失而造成的话，无论旅游也好，和朋友或者家人聊天谈心也罢，都是没有办法真正治愈你内心伤痕的。

想要真正跨越过这样的失败，必须在实际工作中弥补回来。要在又一次面对和之前失败时完全一样的局面时，吸取教训并取得成功。这是唯一的解决方案。

在面对完全一样的状况时，要做好觉悟，告诫自己这次一定会成功，自己不会连续失败两次，然后跨越过沟壑。万一真的两次都失败了，就必须在今后的工作中连续成功两次。要铭记这一点。

如果想要磨练自己的意志力，可以试着制定一个更高的目标。

我所在的电视台，营收在全国同行业中排名第四。这里曾经有过营收第一的时期,不过那是我入职之前的光荣历史了。

如果满足于行业第四的现状,毫无改变地进行程式化的工作,无论干多久也只能在行业第四的电视台工作。

在这里,如果把自己的目标设定为"在业界第四的电视台里做第一的播音员",就会有更高的行动力了。为了成为第一,要听从上司和前辈们的建议,在节目中做出自己的独创性。

可能我给自己定的目标实在是高过了头,我在电视台里受到了很多的排挤。不仅被前辈主播们疏远,还被后辈主播们认为很难以相处。关系好的同事和因为工作结识的挚交都少之又少,到最后支撑我的就只有成为第一的主播这个目标了。只有想到它,才能让我感到热血沸腾。

也许听起来很像耍酷,但是我希望明大的学弟学妹们也像我说的这样,坚定一个目标,持续地为之努力。

斋藤孝 ▼

关于失误，福冈软银鹰队的总经理王贞治先生曾经说过这样一句警世名言："如果说人都会失误的话，就要把自己逼成非人。"

正因为王贞治先生是超一流的棒球选手，所以才能拥有这样的见地吧。至于安住，他给自己设定的目标非常高，所以可能到现在都还经常失误。

当我们做一件事没有做好时，绝大多数人都会一直深陷于自己的失败之中，无法自拔。因为失败带来的打击非常之大，所以能够从失败中做出反省的人微乎其微。

所以，我认为不要过多地缅怀已经过去的失败，而应该更多地去打起精神面对自己的下一次机会。

我听到安住关于猪排饭的故事，感同身受。

如果我尝试了什么新的事情但是失败了，或者是听到了什么不好的消息，我就会大吃特吃鳗鱼饭、寿喜烧、烤肉。如果味蕾得到了满足，就可以安慰自己这一天获得的正能量和负能量抵消了。

除此之外，我还习惯蒸桑拿，假装那些让人不快的事情都

第五章 | 为了愉快说话的心态管理

从毛孔随着汗液一起流走了。我每一天在泡澡过后都要蒸一会儿桑拿，通过流汗的方式来让自己保持神清气爽。

还有的时候，我会连续看两部电影，会感觉时间一下子就过去了。

如果是体育比赛期间，每一天我都会通过电视观战。如果是男子网球比赛，基本每一场都会打上三小时左右。就算只是去连续看三小时令人激情澎湃的比赛，看完了也会感到疲惫。不过，选手明明应该越打越累，比赛却是越往后越精彩。

像这样，聚精会神地在某件事上投入几小时的精力，过后就会把自己的失败经历抛在脑后了，好像那已经是几个世纪以前的事情了一样。

此外，疗伤旅行也是一个不错的选择。选择冲绳这样的地方作为目的地，能够体会到和在大城市时完全不同的精神状态。我在工作状态经常会随身带一个秒表来管理时间。不过当我踏上冲绳的土地，在一瞬间我连秒表的使用方法都忘记了。旅途结束回家以后，旅行之前发生的事情就好像不存在了一样。

不管找什么乐子都不能开心起来的人，不妨试着听一听悲伤的乐曲，或者看一看悲剧的书籍或电影。

一般看来，如果看了一出悲剧，人的心情是会更加低沉的。那么为什么还要推荐大家去看悲剧呢？亚里士多德在著作《诗学》中,用"净化"这个词来概括说明了一下。也就是说,当我们欣赏悲剧时,剧本中的悲伤情绪会和自己的悲伤情绪同化,从而达到净化的效果。

确实,有时候哭一哭,哭过了就会感觉清爽了。

就像这样,想要跨越失败也是有很多技巧的。

总 结

① 如果发生了不开心的事情,就用自我暗示的手段扛过去

② 在工作上的失败要用在工作上的成功来补齐

③ 设定的目标要比其他人都高

④ 有的时候欣赏悲剧反而会变得轻松

安住绅一郎　**受到不合理批评时的精神护理**　斋藤孝

安住绅一郎 ▼

我经常收到别人的关心,询问我现在有好多人都在网上骂我批判我,没关系吗?确实,电视台主播这个职业,如果不定期进行一些精神护理,我觉得应该是没有办法长期做下去的。

演员们在戏中扮演的角色经常无法受到观众的喜爱。也许对于演员来说,自己的角色不受欢迎多少会给自己带来一些负面情绪,不过说到底那也只是角色而已,很容易和演员本人分割开来。

与此不同的是,电视台播音员在工作的时候使用的都是真名,而且每一句发言都会被认为是本人的真实想法。就算说的事情本身很普通,也有可能受到观众的声讨。在这种时候,真的会感到自己整个人都被世界否定了。

有人会说,既然你都知道有人抨击你了,那压根儿不去看这方面的东西不就好了吗?乍一琢磨好像很有道理,不过现实中想要一直屏蔽外界的声音几乎是不可能的。

人是一种期待被别人表扬的生物。明明知道就算在网上搜索自己的名字,出来的结果也不会有什么好话,但有时就是管不住自己的手,想看看网上讨论自己的声音是不是会稍微向正面倾斜一些。结果就是会看到很多骂自己的话,再次受到打击。

年轻的主播们在这方面的问题更加严重。不光是主播,甚至节目幕后的工作人员们在自己制作的节目播出时也会搜索自己的名字。

当20岁的年轻人感觉自己被许多人讨厌了,真的会在一瞬间就被击垮。过了一阵子想看看社会对自己的评价是不是好了一点,就会再去搜,然后再次被击垮。现如今,我感觉电视台的工作真的伴随着这样一种恶性循环。

话说到这里,大家一定都会苦恼:到底做怎样的精神护理才有效呢?

首先,不要让自己被单一的声音淹没。

重度互联网用户们经常都有着自己独特的一套伦理观。在评判一件事的时候,经常做出和正常人相反的判断。

现如今,网络上经常出现责骂电视台的声音。在这种环境下,节目组、主持人和播音员往往会过分注意自己的言行举止,好让自己更受追捧。随着这种倾向的发展,我们可能会处于一种窘境——一种连必须要说的话都无法说出口的窘境。

确实,网络的声音扳正了很多曾经经常在电视节目中出现的低俗和恶劣的情况。但是,如果因为痴迷于网络世界而听信所有网上看到的事情,那就本末倒置了。我们应该和网络上的言论保持一个安全距离。虽然确实很难,但很有必要。

第五章 | 为了愉快说话的心态管理

当我在网上看到了否定我的言论,我会点进发言人的首页,一点点查看他过去说过的话。如果他对世界上的一切都发表否定言论,那就不用在意了:这个人就是这样的,没办法。如果他只是对你有一些负面评价,那就要认真考虑他说的话,并在某种程度上虚心接受。不光是在网上,现实中听到的声音也可以用这种方法来进行判断。

就算被谁批评了,也不见得要全盘接受。对你听到的批评内容做出冷静的判断,才是正确的做法。

我在这里再介绍一种方法:在自己身边找到能理解自己的同伴。

在电视台业界,有一个叫 BPO(电视节目问题修正机构)的团体。这个团体会以旁观者的立场,把观众对电视节目的投诉和电视节目中出现的低俗问题直接向电视台反映。

时不时地会从 BPO 那边听到一些评价:"这个节目里说的话是不是构成歧视了啊?"之类的。于是我以个人的名义成立了"反 BPO"这一机构。经常有工作人员会被一些近乎执拗的投诉伤害到。对这些人做出安抚,就是我们"反 BPO"的主要目的。

也许作为观众的你们无法理解,但我们电视台的人经常会被一些不可抗力直接或间接伤害到。我们也是有很多牢骚的——"你们对我的评价真的有失偏颇""明明还有更多想说的话,却因为节目时长不够没有办法说完",却很难说出口。

虽然在这里说的像是普遍的情况,但大多数都只是我自己的感受而已。不过我敢说大家都有这种苦恼,因为"反BPO"机构也成立两年多了,经常收到倾诉的邮件。

其中有一位发件人是我在维米尔的展览会上认识的,他在会场上大声介绍了这次展览中最有名的作品的标题:《戴珍珠项链的女人》。

在他这么介绍了之后,现场有很多参观者都嗤之以鼻,觉得这个主持人没有常识。确实,维米尔最有名的一幅作品是《戴珍珠耳环的少女》。只不过,《戴珍珠项链的女人》这幅画也是确确实实存在的。参观者们一定是觉得这位连耳环和项链都分不清,缺乏常识吧。

作为主持人,念发言稿的时候一定是会保证准确无误的。所以我觉得他会因为这件事而感到愤慨,也不无道理。

其实在他上台念稿之前,就和会场人员说过这样的稿子容易产生误会,最好改一改。但对方和他说这次展览里最有名的作品就是这幅《戴珍珠项链的女人》,所以没有办法修改了。我觉得,他最应该记恨的是没能把《戴珍珠耳环的少女》也一起搞来展出的举办方。

当然了,我设立"反BPO"这个组织,多少也有一点玩闹的意思在里面。但是,抚慰了很多同道中人也是事实。

我在看到批判电视节目的发言时，觉得他们应该更加深入思考一点，去理解节目的本质。明明这样一来就能明白节目想要传达给世间的信息了，为什么要在一知半解的状况下进行批判呢？真的是非常遗憾。

希望在座的各位能够理解我们行业的现状。

斋藤孝 ▼

我担任教育台的《用日语一起玩》这档节目的总顾问,已经有相当长的年头了。在节目中,曾经有过需要把古文打在字幕上的情况。因为古文的写法不止一种,具体哪一种是正确的,就连专家们也经常争论。在这种情况下,要综合各方面考量,把最为合适的一种写法提交给节目组。

但是有的观众是懂古文的。他们觉得正确的写法和我提交给节目组的写法不一样的时候,就会说我们节目搞错了,有时甚至会投诉到电视台。

在我的立场上,对待这种投诉时,态度还是要谨慎得体的。

就像安住说的那样,电视节目的制作过程中,经常会因为各种各样的原因把主持人重要的发言切掉。主持人有时在录制时担心录制素材长度不够,会多说一些无关痛痒的话,在节目的剪辑中,这些无关痛痒的话经常会代替那些重要的话出现在正式放送中。

观众们是不知道这些幕后的事情的。明明不知道,却一个劲儿地非难节目组,我看了真的觉得节目组很可怜。

我觉得在社交网络上,把自己的想法说出来是值得赞扬的事情。但是,我不认可一味地发表消极言论。

第五章 | 为了愉快说话的心态管理

通过我的教学经验，每个人对于接收到的情报的还原能力各有不同。看一看中学生的期末考试试卷就知道了，老师的教学内容经常被学生们误解。

也就是说，社交网络上的那些抨击评语，也经常有找错了焦点的情况。

在看电视或看书的时候，可能经常会觉得有点没意思、和自己的预期不太一样，但是如果要在社交网络上对自己看到的东西发表负面评价，就一定要在发表前再三考虑。

人活在世，一定要学会接纳和自己思想不同的意见。如果做不到的话就忽视它，总比在一知半解的情况下盲目评论要好。

贬低一个人的工作，不仅会让对方对你产生反感，还会让对方身边的朋友家人跟着他一起陷入不愉快。

所以我的建议是，在发表评论时，只去评论那些让你开心让你感动的东西就足够了。

我虽然没有在网上搜索自己名字的习惯，但偶尔会到网上去搜一搜安住，看看对他的评价。

值得庆幸的是，安住在网上获得的评价出人意料地好。有很多人都觉得他在处理北野武先生的接龙游戏时做得非常妥当。

在松了一口气的同时，我也深深为他感到自豪。

总 结

① 不要只接受同一种声音

② 就算被批评了也未必需要全盘接受

③ 在周围找到能够理解你的人

④ 尽量不要从自己这里发表消极言论

安住绅一郎　**思考在被给予的岗位上可以做到的事情**　斋藤孝

安住绅一郎 ▼

2019年6月的时候，有人突然告诉我："安住，你升官了！"因为这种越级晋升的情况非常少见，我的身边也泛起了不少涟漪。我从副部长连升了两级，成为副局长。

我听到这个消息以后，感到非常不可思议。感觉这种特例的升官只有在殉职追授中才看见过。

虽说我晋升了副局长，但真正有改变的只有我的工资，其他方面……既没有得到部下，也没有得到更多的节目预算。换句话说，基本只是得到了个名誉头衔而已。

因为日本人有87%都是白领，所以好像大家都对这类升职的话题很感兴趣。白领们在闲聊时，最喜欢的话题就是职位晋升吧？我在大学毕业，进入社会之后对这一点感触颇深。我作为白领的人生，就是为了给世间的人们带来快乐。

经常有人问我："安住不打算做自由主播吗？做自由主播的话工资会有很大起色哦。"大家说的这些我当然懂。

确实，成为自由主播的话，就会摆脱电视台的束缚，可以自由选择各种各样不同的工作了。当然，工资方面也会有很可观的涨幅。说实话，当我看那些自由主播们活跃在电视屏幕上时，我确实是很羡慕的。

第五章｜为了愉快说话的心态管理

"guarantee"这个词，在日本的电视行业经常被当作"出场费"的意思来使用，不过把它直译过来的话是"保障"的意思。也就是说，如果我们出演电视节目，就有可能受到心灵上的伤害。出场费其实是对这种情况的保险金。

如果是自由主播，在面对不喜欢的工作时，会觉得，能拿这么多出场费，干脆就接下吧。这是做自由主播比做聘用制主播更好的地方。其实，我也是很有自信的，觉得只要自己想成为自由主播的话，随时都可以。

现在的话，我只是在做自己分内的工作——被上级安排的工作。那么我为什么还要继续在体制内工作呢？

如今，媒体行业正处于一个转折点。

我有一种预感，如果我们不做出一些改变，可能无法在媒体这个行业继续生存下去。

我经常想通过自己负责的电视节目，去对整个行业做出一些改变。我觉得电视这个行业需要改善的地方还是很多的。

如果想要改变这个行业，仅仅靠自由主播是绝对不够的。自由主播说到底还是电视台外部的人员，而我想从内部发力去推动改变。这可能是我不去做自由主播最主要的理由。

现如今，已经有很多播音员从电视台辞职，成为自由主播。我想，既然我和他们追求的东西不一样，那干脆就一条道走到黑好了。

195

斋藤孝 ▼

放弃赚钱的机会，从内部改变电视行业啊。安住的这番意志深深打动了我。孔夫子曾经说过："不在其位，不谋其政"（不在那个职位上，就不要去考虑那个职位上的事）。

不只是安住，我们所有人都一样，首先要考虑清楚自己拥有的职位能够做多大的事情。

我在看体育比赛时，会注意那些坐冷板凳的选手和那些连冷板凳都没得坐的选手们的表现。

因为我非常喜欢高中棒球比赛，赛季会在电视上看所有的场次。在看比赛的时候，视线会不由自主地向替补席的队员飘。

他们应该想自己上场，却没办法吧。明明是这样，却要抑制住自己的这份沮丧，在替补席上为自己场上的队友们拼命摇旗呐喊。

他们不也是这样吗？在冷板凳上专注地做着自己能做得到的事情。只是看看他们，我就会感到全身都充满了勇气。

如果他们因为上不了场闹情绪，在替补席上无精打采的话，整个队伍的士气都会被拉下来的。就算他们不上场，那份声援对于比赛也是很重要的。

在自己的岗位上尽到自己的全力，无论你的岗位有多么渺小，都一定会有人注意到你。时常拼尽全力的人，早晚会受到重视，获得更好的机会。

我确信，安住在不远的将来，会有飞跃性的晋升。

人在二三十岁的时候，经常会因为得不到自己渴望的职位而懊悔吧。但是不管在工作单位中被调到什么样的岗位，都要好好思考自己能在这个岗位做到的事情，拼尽全力去发光发热。

我自己二十多岁的时候，兴趣爱好连一分钱的收入都没法带给我。但是那时候的我有着一种为了眼前的研究拼命的劲头，有着一种相信自己总有一天会出头的自负。

付出总会有回报。无论是谁，请你把你手上拥有的工作做到最好吧。

总 结

① 要好好思考在自己岗位上能做到的事情，拼尽全力

② 拼尽全力的话，早晚会受到重视

③ 付出总会有回报

问：怎么才能避免被生活中的"阴晴圆缺"影响？
答：尽量不让日常生活中发生无法预测的情况。

> 安住主播

人生中经常会遇到始料未及的突发情况，这些大大小小的问题有时甚至会影响到我们的身体机能。上班族们经历的大多数失败都是因为这种情况。

因为我知道这个道理，所以在我上工的头几天，都会尽可能保证自己的生活中不会出现让我不高兴的事。

比如说，在开始工作之前出去买东西，明明听说想买的东西到货了，到了以后却发现货架空空如也。这种时候肯定会非常失望，甚至会恼火吧。把这种恼火的心情带回工作现场的话，肯定是不会有好结果的。

所以，不如压根儿就不在工作前去买东西，这样就能避免因为买不到想要的东西而恼火的情况了。这是只有单身才能做到的手段。

在去参与很重要的工作时，我通常乘电车或者公交车，这样能保证自己按时到达目的地。

如果到了万不得已必须坐出租车的时候，就要自己给司机详细地指明道路，省得司机开错。自己看着地图，跟司机说"这之后左转""这里右转"。

这个样子是肯定结不了婚的吧。

斋藤老师

为了不被我们生活中的"阴晴圆缺"影响工作，我们要意识到，对于一个人来说，最重要的是长期保持一个良好的状态，并且理所应当地让自己进入这种状态。

说是长期保持良好的状态，其实自己在70%~80%的时间中保有这种良好的状态就足够了。这样一来，就算自己状态不好，大脑也会给身体一个"状态良好"的暗示。

这件事，是骏台预科学校的伊藤和夫老师教会我的。当时，我还只是一个预科生。伊藤老师每天都穿着差不多款型的衬衫，以差不多的节奏，用差不多的淡淡口吻给我们上课。

直到有一天，伊藤老师跟我们说："我当然也会有生活不如意的时候，但是我觉得应该尽可能在你们面前隐藏这样的情况。"我听了这番话真的惊呆了，他的专业意识太高了。

于是，我也暗暗下定决心，自己只要站在讲台上，就要开朗地面对学生。当我如此下定决心后，就算是生活中遇到坎坷，在我站到讲台的一瞬间也会感到被治愈。

我还穿着自己做的"好情绪T恤"给小学生上过课。在自己的胸前写着大大的"高兴"二字,这样就不会允许自己不高兴,甚至不会允许自己只是情绪平平了。

顺带一提,T恤的背面,我印了"毫无意义"。

像这样去保持一个平稳的精神状态是无论谁都能做到的,只要愿意去每天进行精神状态调整的练习。

方法拓展 ▼

斋藤老师告诉我们,试着去转动肩胛骨,心情就会变得开心。我们想保持良好心态的时候,不如去试试。

问：感到精神虚弱时该如何应对？
答：把写着标语的纸贴在屋里。

> 安住主播

我是横滨海湾之星队的球迷。之所以成为他们的球迷，是因为有一段时期，我工作的地点是海湾之星队的股东公司。当时的海湾之星状态低迷，屡战屡败。因为根本连一胜都拿不下来，所以就算为他们加油也会感到沮丧。

经常看到喜欢的球队打输比赛，对人的精神是一种折磨。所以我判断为了精神健康，最好不要去看他们比赛的直播，更是在自己房间里贴了一张横幅，上书"绝对不要再看海滨之星队比赛的直播了"。

或许大家对我建议去做这种俗不可耐的事情会感到相当震惊，不过就连我本人到今天为止都还经常在屋里贴各种各样的标语。当想到了什么能让自己精神变得顽强的话语，就会在和纸制成的便笺内侧用笔写上，贴在屋里醒目的位置。

比如说"不会说'不'的人是无聊的人"。如果用毛笔去写的话，就更有味道了。

当然了，如果屋里贴满了标语，在邀请女性来家里玩的时候，会让对方吓一大跳，甚至因此退缩。所以做了这种事情，就只去心无旁骛地想着提升自己就好了。

如今这个时代，保持积极向上的心态这种事在旁人眼里看来，可能会觉得你脑子有点问题。

最近的海湾之星队很强。

斋藤老师

虽然我也推荐在屋里贴写着标语的纸，不过真的很少听到有人去实践它。如果我们感到自己精神虚弱，就写下积极的话语，也许会意外地从它那里收获能量。

当然了，不去纠结和纸和毛笔也没关系，随便用什么笔在便笺上写效果也是一样的。

问：容易疲倦时该如何应对？

答：从精力充沛的人那里充电。

> 安住主播

　　仅仅是在充满气势充满精力的人身边待着，就会感觉自己的精神状态也会一点一点变好了。就像相扑力士一样，两个人在擂台上面对面站着，只是互相凝视着对方，就可以燃起高昂的斗志。

　　既然一个人很难打起精神，那不如去借着别人的精神来提高自己的精神。

　　在电视节目或者广播节目中，如果主持人感觉自己的精神稍微有一点疲惫，会去刚刚结束节目录制的其他主持人那里，和他们闲聊三分钟左右，再去进行自己节目的录制。

　　稍微有点像抽烟时跟旁边的人借火的感觉。就算不是直接和别的主播说话，去听一些气氛热烈的广播节目或者看一些这样的电视节目，也能让自己的情绪高昂起来。

　　在我做节目时，经常需要播音员三云孝江前辈来给我定心。在正式开播之前，他总是有很好的办法来消除我的紧张感。做节目前找三云主播这样的人聊一聊，会进入很好的工作状态。

> **斋藤老师**

广播节目与节目切换时,我们经常能听到两档节目的主播进行一小段接力对话。这个对话不仅可以连接节目,还可以让情绪传递,非常实用。

一般来说,在公司或者学校里,总有那么一两个滔滔不绝、精力充沛的人。从他们那里获得能量也是一种很好的方法。

方法拓展 ▼

当你真的感觉自己累得不行了的时候,就连和别人接触本身也会产生疲惫感。这种时候就好好休养生息吧。

结 语 ▼

斋藤孝
明治大学文学系教授

我平时叫习惯了的学生安住,是代表了日本40岁人民的主播。到底直接叫他"安住"好不好呢？我这么思忖着,直接问了他本人。他说:"直接这么叫我觉得就可以了。"所以,我在谈话中就直接叫他的大名了。

确实,不管是叫他"安住先生""安住主播"还是"安住氏",都觉得好像距离太过遥远,不像是我和他之间的对话了。我觉得,我们之间这种比较亲密的关系还是要放在第一位的。

安住在学生时代的所作所为,我到现在也还是记得一清二楚的。

我在上课时,最重视的就是让学生们自己做出表达。所以经常在课上提问:"有没有人能讲一些有趣的事情啊？"

也许,在普通的学校的课堂上这么问了,台下会一片鸦雀无声吧。不愧是明治大学,就是不一样——积极举手的学生竟然有一人之多。而在这一人的挑战者当中,话题最有意思的当属安住。

他在发言时，进入状态很快，说话的节奏非常明快，讲的内容也能让人搞明白意思。只不过，他的嘴只要一张开，就很难再让他闭上。

迄今为止我见过的学生数不胜数，不过要说话术最高明的，还得说是安住。学生时代的安住，展现出的才能还只有冰山一角，却已经非常惊人了。

现如今，想要细细品味安住的有趣之处，TBS广播台的节目《安住绅一郎的周日天堂》（以下略称为《日天》）是最合适不过的了。听这个节目的时候，不仅能感受到安住作为一个受欢迎主播的一面，还能感受到他主动谈话的架势。我回过神来，感觉自己的立场已经变了——从安住老师的立场，变成了安住听众的立场。听他的节目真的能收获很多乐趣。

安住说话的才能说是独一无二也不为过，我希望无论如何也要让读者们体会到这一点。这个想法，就是本书企划的原点。

安住发言的能力之高，已经广为世间所知，不过我觉得他为语言下的功夫和在发言时思考的内容，很有必要整理成文字留存下来。

长年以来，我一直担任安住做主持的电视节目《新闻播报员》的评论员。我希望能把这份来之不易的缘分灵活运用，把舞台从电视搬到书中，于是形成了两个人的这样一次对谈。

这本书最开始预想的是只有我和安住两个人进行对谈，不过安住跟我说他想要直接和明治大学的学生们进行交流，于是最后就变成了两个人一起在明治大学进行公开课的形式。看着安住在明治大学随机应变地进行着发言，我又回想起了当年在教室里一个人滔滔不绝的他。

我们开这次公开课的当天，前来参加的学生们也非常激动，毕竟这样的机会非常难得。

在本书中，安住作为超一流播音员的话术根源得以披露。除此之外，作为白领如何工作、生活中的解压方式等问题，我们也进行了大量的讨论。我觉得这样的对话还是很有人情味的。

本书能够成书，要感谢钻石社的斋藤顺先生和记录员渡边稔太先生的帮助。两个人都是安住的粉丝，都是《日天》的忠实听众。谢谢大家。

图书在版编目（CIP）数据

话语的力量 /（日）斋藤孝,（日）安住绅一郎著；唐潮译. -- 北京：海豚出版社, 2022.2
ISBN 978-7-5110-5804-1

Ⅰ. ①话… Ⅱ. ①斋… ②安… ③唐… Ⅲ. ①口才学 — 通俗读物 Ⅳ. ① H019-49

中国版本图书馆 CIP 数据核字 (2021) 第 222373 号

著作权合同登记号：图字 01-2021-1911

HANASU CHIKARA
by Takashi Saito and Shinichiro Azumi
Copyright © 2020 Takashi Saito and Shinichiro Azumi
Simplified Chinese translation copyright ©2022 by Rentian Wulusi Culture development co., LTD.
All rights reserved.
Original Japanese language edition published by Diamond, Inc.
Simplified Chinese translation rights arranged with Diamond, Inc. through Lanka Creative Partners co., Ltd. and Rightol Media Limited.

话语的力量

［日］斋藤孝　［日］安住绅一郎　著　唐潮　译

出 版 人	王　磊
责任编辑	王　水　张　镛
特约编辑	刘　可
封面设计	姊　玖
责任印制	于浩杰　蔡　丽
法律顾问	中咨律师事务所　殷斌律师
出　　版	海豚出版社
地　　址	北京市西城区百万庄大街 24 号
邮　　编	100037
电　　话	010-68325006（销售）　010-68996147（总编室）
印　　刷	北京金特印刷有限责任公司
经　　销	新华书店及网络书店
开　　本	880mm×1230mm　1/32
印　　张	7
字　　数	118 千字
印　　数	8000
版　　次	2022 年 2 月第 1 版　2022 年 2 月第 1 次印刷
标准书号	ISBN 978-7-5110-5804-1
定　　价	45.00 元

版权所有，侵权必究
如有缺页、倒页、脱页等印装质量问题，请拨打服务热线：010-51438155-357